2013年司法部“国家法治与法学理论研究”项目成果

法大诉讼法学博士文库

总主编　卞建林

执行权与审判权之界域研究

——以执行救济为中心

邱星美　著

中国人民公安大学出版社

·北　京·

图书在版编目（CIP）数据

执行权与审判权之界域研究：以执行救济为中心/邱星美著．—北京：中国人民公安大学出版社，2019.6

（法大诉讼法学博士文库/卞建林主编）

ISBN 978-7-5653-3611-9

Ⅰ.①执…　Ⅱ.①邱…　Ⅲ.①司法制度—研究—中国

Ⅳ.①D926

中国版本图书馆 CIP 数据核字（2019）第 097715 号

执行权与审判权之界域研究

——以执行救济为中心

邱星美　著

出版发行：中国人民公安大学出版社
地　　址：北京市西城区木樨地南里
邮政编码：100038
经　　销：新华书店
印　　刷：北京市泰锐印刷有限责任公司

版　　次：2019 年 6 月第 1 版
印　　次：2019 年 6 月第 1 次
印　　张：7.375
开　　本：880 毫米×1230 毫米　1/32
字　　数：198 千字

书　　号：ISBN 978-7-5653-3611-9
定　　价：30.00 元

网　　址：www.cppsup.com.cn　www.porclub.com.cn
电子邮箱：zbs@cppsup.com　zbs@cppsu.edu.cn

营销中心电话：010-83903254
读者服务部电话（门市）：010-83903257
警官读者俱乐部电话（网购、邮购）：010-83903253
法律图书分社电话：010-83905745

法大诉讼法学博士文库

总 序

21世纪的中国诉讼法学将向何处去？这是每一位诉讼法学者都应当关心的重要问题。历史是昭示未来的一面镜子。我们不妨先从历史的角度来考察一下我国诉讼法学发展的轨迹和趋势。

我国近代诉讼法学肇始于一百多年前的清末修律。1906年，清政府创办了京师法律学堂，由沈家本亲自制定的法律学堂章程将刑事诉讼法与民事诉讼法均列为主要课程，这标志着诉讼法学作为一门新兴的学科开始独立存在。之后，夏勤、陈瑾昆、蔡枢衡、熊元襄、石志泉、邵勋、邵锋等学者在翻译和介绍日本、德国等国诉讼法律与诉讼理论方面都作出了杰出贡献，并在此基础上对诉讼法学基本原理进行了可贵的探索。至20世纪40年代，旧中国的诉讼法学理论体系得以初步形成。

新中国成立以后，随着旧中国的“六法全书”被废除，原有的诉讼法学理论体系和研究成果也被抛弃。受当时的政治环境影响，中国的法学理论工作者开始将目光转向苏联。在20世纪50年代，伴随着苏联法学教授来华授课，一批苏联的诉讼法学著作被翻译推介到我国。我国学者开始在学习苏联诉讼法律制度与法学理论的同时，结合中国无产阶级专政的实际经验与需要，尝试创建我国的诉讼法学理论体系。然而，不久后的“反右”运动和“文化大革命”动乱，法律虚无主义甚嚣尘上，诉讼法学研究长期陷入停滞。这种状况一直持续到20世纪70年代末期。

1978年改革开放以来，我国诉讼法学得以恢复并迅速发展。

随着1979年中国第一部刑事诉讼法的颁布实施，我国诉讼法学开始全面“复苏”。在“解放思想、实事求是”方针的指引下，诉讼法学的学术研究变得活跃起来，关于刑事诉讼、民事诉讼、证据理论、司法制度方面的多本专著先后问世。特别是20世纪80年代初、中期，国家统一组织编写刑事诉讼法学、民事诉讼法学、证据法学教材。这些统编教材，发行量大，适用面广，读者群众，影响力巨，基本确立了诉讼法学与证据学的理论框架与教学体系。诚然，此时的诉讼法学仍不够成熟，大多停留在注释法学的阶段，教学和研究的目的主要是解释法律、宣讲法律，先进的诉讼理念尚未确立。至20世纪90年代，此种状况得到很大改善。“刑事诉讼法学的研究登上了一个新的台阶……在理论方面，对刑事诉讼基础理论的研究开始起步并初有成就。”① 其标志性成果是一系列有关诉讼目的、诉讼构造、起诉制度、审判原理等基本理论问题的学术专著陆续出版。随着我国政治、经济、社会、文化等各个方面日新月异的发展与进步，随着“依法治国，建设社会主义法治国家”基本治国方略的确立与实施，我国社会主义民主与法治建设取得巨大成就。在此大背景下诉讼立法进程加快，诉讼制度日臻完善，诉讼法学理论研究也在不断深入。“程序正义”、“人权保障”等先进的诉讼价值观念得到大力弘扬和广泛传播，公平、正义、人权、自由、秩序、效率等价值观不仅是诉讼理论界热衷探讨的命题，并逐步得到立法和司法实务部门的理解和认同，甚至成为普通百姓耳熟能详的大众话语。进入21世纪以来，诉讼法学研究方面最显著的进展莫过于研究方法的转型。不仅实证研究方法受到重视，多元化、跨学科的研究方法也得到了提倡，哲学、社会学、逻辑学、经济学等多学科的研究方法被广泛地应用于诉讼法学和证据法学研究。甚至文理汇聚、社会科学与自然科学交融的现象也已出现，国

---

① 陈光中、卞建林：《刑事诉讼法学研究现状与发展趋势》，载《法学家》1996年第2期。

家自然科学实验基地中国政法大学证据科学研究院的成立就是明证。通过研究方法上跨学科、多学科的融通交汇，我国诉讼法学研究的广度和深度得到进一步拓展。

不同于单纯的理论法学研究，诉讼法学研究还具有时代性和实践性的鲜明特点，在研究基础理论的同时，应当及时反映司法现实、回应社会关切。随着“全面建成小康社会、全面深化改革、全面依法治国、全面从严治党”战略布局的提出与落实，政治、经济、社会、文化、军事等各个领域的全面改革成为我国现代化进程中的主旋律。司法体制改革是全面深化改革的重要一环，是全面推进依法治国的主要抓手。一系列司法改革重大举措的制定并落地，推进中国特色社会主义诉讼制度和司法体系日趋成熟完善。在此背景下，我国诉讼法学研究也愈加关注司法体制改革与社会现实问题，探求司法规律，彰显中国特色，研究成果更加务实、更加中肯、更具实际参考和应用转化价值。

回顾历史，笔者在为我国诉讼法学发展历程的艰难曲折而感叹的同时，也为当前诉讼法学研究所取得的巨大成就感到欢欣鼓舞。然而，值得注意的是，从历史上看，我国诉讼法学的成长始终伴随着对外来法律文化的学习：从萌芽与初创阶段对日、德等国诉讼理论的借鉴，到重建与停滞阶段对苏联诉讼理论的模仿，再到恢复与提升阶段对美、英等国诉讼理论的引入。达马斯卡曾经告诫我们：“与私法领域相比，程序法的意义和效果更加依赖于外部环境——尤其是直接依赖于所在国家司法制度运行的制度背景。”① 诉讼法对其制度背景的依赖使得这门学科较之其他学科具有更强的地域性特征。所以，我们需要思考的一个问题是：我们仿效外国经验而建构起来的理论，我们从西方国家那里所引入的理念以及我们参考国外做法而采用的研究方法，是否真的适合于我国？即使这些理论、

① ［美］米尔吉安·R. 达马斯卡著：《比较法视野中的证据制度》，吴宏耀等译，中国人民公安大学出版社2006年版，第231~232页。

理念和方法能够适合于我国，中国学者对人类法治文明的独特贡献又何在？

笔者认为，21世纪的中国诉讼法学应当以创建中国特色、中国风格的诉讼法学理论体系为努力方向。回首过去的一个多世纪，中国诉讼法学在对国外诉讼理论持续不断的“效仿”过程中渐渐迷失了自我，始终未能确立起自身的独立品格。因此，我国学者应当从中国实际出发，在了解和借鉴他国诉讼理论的同时，着力构建具有中国特色、中国风格的诉讼法学理论。这是一项艰巨而长期的历史任务。其艰巨性在于，曾经在世界法制发展史上占有一席之地的中华法系早已风光不再，一百多年来我国所进行的各项法制改革大多是跟在西方国家后面亦步亦趋，我国法学理论缺乏自主发展的传统。其长期性在于，我国民众存在着根深蒂固的“重实体、轻程序”观念，而观念的转变绝非一朝一夕可以实现的。昂格尔就曾经针对我国古代法律评论道，与其他非欧洲的法相比较，中国法是离“法治”（rule of law）理念最为遥远的一极。[①] 当然，伴随着我国全面推进依法治国和大力深化司法体制改革，我国诉讼法学研究已经开始摆脱西方话语体系、西方逻辑的研究“窠臼”，逐步走向自醒自觉，探索建立符合中国国情和司法规律二元目标的社会主义诉讼法学理论体系已经起步。同时也要认识到，建成体现中国特色、中国风格的具有独立思维和独立话语体系的社会主义诉讼法学理论体系非一时之功，可能需要几代学人的共同努力。

历史的经验告诉我们，对于任何事业来讲，人才都是关键。从我国京师法律学堂的创办与诉讼法学的诞生可以看出，诉讼法学学科的发展与诉讼法学人才的培养是分不开的。因此，针对我国诉讼法学研究任务的艰巨性和长期性，我们应当进一步加大对青年诉讼法学高级人才，尤其是对诉讼法学博士生的培养力度。法学博士生

---

① ［日］滋贺秀三：《中国法文化的考察——以诉讼的形态为素材》，载《明清时期的民事审判与民间契约》，王亚新等编译，法律出版社1998年版，第3页。

群体是一支重要的科研力量。博士生们大多风华正茂，正处于人生创造力最为旺盛的时期，有可能提出富有原创性的学术观点；博士生们思维活跃，较少受到成见的束缚，有利于发掘新思维、新视角，不断推陈出新；博士生们拥有最有利的学习环境和条件，有足够的时间和精力就某些专门问题深入钻研。也正是基于这些原因，有人认为，博士学位论文常常能够代表学者一生的最高学术成就。

中国政法大学是全国最早获得诉讼法学博士学位授予资格的高等学府，由于师资队伍、培养模式、图书资料、学术交流等诸多方面的优势，法大培养的诉讼法学博士人数众多，质量上乘，为我国诉讼法学的学科发展作出过重要贡献。早在20世纪80年代末期，中国政法大学前校长、诉讼法学学科带头人陈光中先生就呼吁学界进一步加强对刑事诉讼法学基本理论的研究和创新，并引进自然科学和其他社会科学中的相关学科的成果，开拓刑事诉讼法学研究的新领域。① 在法大导师们的指引下，一批优秀的法大诉讼法学博士生开始对诉讼法学基础理论进行了大胆探索，取得了很多填补空白的开拓性研究成果。我国诉讼法学界在20世纪90年代出版的具有代表性的基础理论著作大多是在他们的博士学位论文基础上完成的。曾经取得的辉煌成就使中国政法大学的诉讼法学学科在全国享有盛誉。1999年，中国政法大学诉讼法学研究中心（2006年更名为中国政法大学诉讼法学研究院）成立，这是诉讼法学专业唯一入选全国普通高等学校人文社会科学百所重点研究基地的研究实体。2013年，由中国政法大学牵头，以中国政法大学诉讼法学研究院和证据科学研究院为科研依托平台，联合吉林大学理论法学研究中心（教育部人文社会科学重点研究基地）和武汉大学环境法研究所（教育部人文社会科学重点研究基地）申报的司法文明协同创新中心顺利通过教育部和财政部的认定，成为全国首批14家“2011计划”协同创新中心之一。自此，中国政法大学在诉讼法学

① 陈光中：《中国刑事诉讼法学四十年（下）》，载《政法论坛》1989年第5期。

学科建设和人才培养方面掀开了新的一页。

“法大诉讼法学博士文库”是中国政法大学诉讼法学研究院主持编选并组织出版中国政法大学诉讼法学专业（含刑事诉讼法学、民事诉讼法学、行政诉讼法学、证据法学）博士学位论文的系列丛书。这套丛书旨在搭建学术平台，推出诉讼法学新人新作，营造百家争鸣的学术氛围。此外，由于博士学位论文不仅能够反映博士生个人的勤奋和智慧，还常常凝聚了博士生导师们的辛劳和心血。因此，这套丛书的出版也是对法大诉讼法学教学成果的集中展示。我们希望能够通过丛书的出版，进一步培养和造就高素质的诉讼法学博士生，推动诉讼法学年轻学者之间的互动和交流，促进我国诉讼法学的繁荣和发展。

中国政法大学诉讼法学研究院院长　卞建林

2016年11月16日于北京

目 录

导　论

一、问题的提出

人民法院的执行工作是一项内容复杂，需要应对多方面问题的工作。例如，执行机构往往会面对来自当事人和案外利害关系人的异议、抗拒，会面对应当协助法院执行的其他机关、组织、机构、个人出的难题，也会面对因执行根据有缺陷而无法执行或者难以执行的问题。所以，执行工作不仅是依据执行根据，将被申请执行人的财产强制转移到申请执行人名下这么简单。面对很多不诚信的被执行人，查找其名下的责任财产往往是第一道难题。找到被认为是被执行人的财产后，还可能出现案外人异议、案外人对该财产主张自己的权利，可能会形成第二道难题。当被查封、扣押、冻结的财产需要政府登记管理部门协助执行，或者需要其他财产持有人交出财产时，可能会由于他们协助不力，生出第三道难题。在执行过程中，可能会出现执行当事人自然人死亡，法人合并或分立，法人或其他组织被撤销、注销，裁判文书权利被转让等情况，需要变更、追加当事人。变更、追加当事人时，特别是变更被执行人时，被变更、追加者可能会提出异议。根据我国《民事诉讼法》的规定和最高人民法院的司法解释，被执行人无财产可供执行时，法院可以追加法定条件下与被执行人有承担履行债务义务的关联主体进入执行程序，如执行被执行人为自然人时其所欠债务义务时，其配偶或者前配偶名下的财产是否可以执行，其配偶或者前配偶是否可以被追加等情况。此时，执行机构需要判断这些异议、争议是否真实、合法，需要予以答复、裁决。那么，执行机构是否对上述所有问题以及其他类似的问题享有判断权、裁判权？在我国法治建设早期，这些问题比较简单，多数人认为执行机构享有这些权力。但是，当我国执行法学理论越来越进步，理论界认为没这么简单，人们认为理论上需要首先解决执行权的问题，解决执行权与审判权如何区别和如何划定各自界域的问题；解决审判权范畴问题，执行机构对执行中出现的问题行使判断权时是否可以行使审判权等问题。这些问题地不断提出，促使强制执行法学理论快速发展，将审判权与执行权的界域问题推向前沿。

另外，许久以来，“执行难”“执行乱”被称为困扰我国人民法院的痼疾，成为社会责难法院的话题，以及执行当事人抱怨法院的问题。“执行难”“执行乱”的形成原因多种多样，司法实务界与学术界总结出的根源有很多。在导致“执行乱”的诸多因素中，强制执行法律规范不足的因素比较明显。而强制执行规范不足的首要因素就是执行权与审判权的界域不够清楚。这些年来，最高人民法院在解决这两个问题方面下了很大气力，制定发布并实施了一系列的司法解释，在近十年间我国《民事诉讼法》的两次修订讨论中，专家学者们提出了许多合理意见，执行法律规范及司法解释的进步成效显著。但是，仍有许多问题困扰着法院执行工作，仍有许多问题学术界还在研究、讨论中。

二、选题研究背景

虽然近十年间我国《民事诉讼法》两次修订，民事诉讼法全文及其司法解释经过如此大规模地修订，有关强制执行的法律规范及司法解释日趋完善，但是关于执行权与审判权的界域问题仍存在不少问题，因而不利于人民法院执行工作地顺利进行。文献检索表明，专题研究两权界域的学术文章很少，专著则没有。中国行为法学会执行行为研究会第一届年会征文选题中，最高人民法院执行局负责设定的选题中特地设了“执行权与审判权的界限”这一选题，但在全国提交的 270 多篇论文中仅有两篇文章涉及这一选题，其中一篇还是由笔者与导师杨荣馨教授撰写的，另一篇文章虽然选题相同，但是涉及研究会这个选题宗旨的实际内容很少。可见，与浩如烟海的法学学术文献相比，这方面的专题研究非常缺乏。但这并不表明研究执行权与审判权关系的理论很少，事实上，涉及这方面的研究著述学术成果比较丰厚，并且发展很快，水平提高显著，只是缺乏系统研究的学术成果。因此笔者认为，理论上需要系统研究、梳理在执行程序中提出的执行权与审判权各自权能范畴及两权界域划分，以期在填补系统研究空白方面提出管窥之见、贡献绵薄之力。

人民法院执行改革背景：审执分离即审判权与执行权的分离，在我国法制建设、法治发展的三十多年来，最高人民法院不断致力于审执分离改革，以期解决“执行难”“执行乱”的问题，以期提高人民法院执行工作效率，满足社会愿望，提高法治水平。

我国人民法院审执分离的改革大致经历了两个阶段，第一阶段是各级人民法院设置专门执行机构，第二阶段是审判权与执行权分离的改革。第一阶段的改革主要体现为形式上的、外化的、审判庭与执行庭分别设立的“审执分离”；第二阶段是实质性的改革，以实现执行程序中的两权权能进一步分离为目标。笔者曾将第一阶段的审执分离称为显性的审执分离，将第二阶段的审执分离称为隐性的审执分离，“审执不分有两个不同层面上的含义，一是同一法官既负责审判又负责执行，二是执行人员处理执行程序中发生争议时，不论实体性争议还是程序性争议，都由执行人员行使裁判权解决。前者可称为显性的审执不分，后者可称为隐性的审执不分”。①第一阶段的审执分离，是以各级法院设立专门的执行机构为目标，并且规定在1991年颁布实施的民事诉讼法中，这也是笔者所称的显性的审执分离，这一目标已经实现。第二阶段的审执分离始于

① 杨荣馨、邱星美：《执行权与审判权的界限》，载《中国行为法学会执行行为研究会第一届年会论文集》。

2000年以后，以实现法院内审判权与执行权的分离为目的，执行程序中发生的争议、异议，属于执行权范畴的，由执行机构行使执行权处理；属于审判权范畴的实体权利义务争议，由当事人或利害关系人起诉至审判庭，由审判庭行使审判权裁判。这一阶段的问题较多，且远比在各级人民法院设立执行机构复杂得多。司法界、学术界经过十多年的努力，随着民事诉讼法的修订和最高人民法院一系列司法解释的制定实施，第二阶段的改革成效显著。但是，仍存在一些问题亟待解决。立法与司法解释的完善，需要理论研究的大力支持，需要从理论研究中汲取精华，以制定最为合理的制度规范。因此，笔者选题审判权与执行权界域研究，鼎力贡献一己之力。

三、文献综述与研究现状

（一）文献简要综述

专题研究执行权与审判权的界域论文极少，中文专著没有，外文专著尚未发现。但是涉及这两权关系、界域的文献却很多。

1. 外文译著和我国台湾地区的教材、专著。最多的是我国台湾地区的二十多部强制执行法教材和专著，这些书籍帮助我国大陆学者打开了执行法学学术研究的视野，其理论体系系统、完整，成为我们借鉴的模板。日本、法国、韩国等国家的民事执行法学译著，日本、韩国、法国、德国、俄罗斯等国家的强制执行法典或者民事执行法典，为我们提供了重要的参考依据。

2. 我国大陆地区学者的专著。我国大陆学者强制执行理论的专著不断问世，1990年出版的常怡教授主编的《强制执行理论与实务》为中华人民共和国成立后第一本该领域的专著，具有里程碑意义。之后，有许多研究执行权性质、执行主要理论问题、强制执行法学、执行制度改革、强制执行立法及强制执行法草案的专著纷纷问世。再者，关于强制执行专题研究的专著陆续问世，如执行竞合研究、执行权配置制约监督研究、民事执行中人权保障研究、民事间接强制执行比较研究等，但是，专题专著显然不多，最多的是执行权研究、执行改革研究和执行法学研究。

3. 强制执行方面的学术论文。三十多年来，强制执行方面的学术论文的数量越来越多，成果日益丰富，涉及强制执行立法、实务、改革的方方面面，学术水平越来越高，学术视野越来越广泛和深入。然而有意思的是，来自法院实务界的有分量的论文成果比来自学术界的多。

（二）研究现状概要

如前所述，对执行权与审判权界限的专题研究文献很少。但是涉及执行程序中的执行权与审判权关系、界限方面的学术成果却不少。例如，执行当事人的变更与追加、执行程序中对被执行人配偶的追加等；执行中的各种异议之诉，如第三人异议之诉（案外人异议之诉）、申请执行人请求执行之诉、债务人异议之诉、许可执行异议之诉等；执行回转问题、执行标的物灭失赔偿问题、执行依据不明无法执行或难以执行问题等；执行权配置、执行权构成问题等。这些学术成果为本书系统研究执行权与审判权的界域提供了宝贵的资料，没有这些学术成果，本书的研究可能难以启动。

四、研究视角、路径及方法

（一）研究视角

本书以执行程序中发生争议及异议的处理机制为视角，研究处理争议、异议时应当适用执行权还是审判权，而非从大司法权概念前提下研究执行权与审判权的一般关系和一般界限问题。

（二）研究路径

因为在论及执行权与审判权这两个概念时，首先涉及司法权的范畴，所以本书需要首先划定司法权、执行权、审判权的各自范畴。就理论而言，划定执行权、审判权的范畴相对容易，而划定司法权的范畴却不太容易。因为在我国，司法权概念的使用比较混乱，有各种意义上、各种范围内的司法权概念。所以，笔者首先研究、分析司法权的范畴，此乃其一。其二，进入审判权研究，因为司法权与审判权的关系最近，甚至很多情况下同一。研究分析审判权又在为下一步研究、分析执行权奠定基础。其三，进入执行权的性质、构成、特征等方面的分析研究。其四，对执行救济中的审判权定位进行域外考察、评论，以便汲取借鉴他们的经验。其五，梳理、评价我国民事执行救济制度之演进，分析我国执行救济机制之进步与不足，提出审判权、执行权界域完善的建议。其六，在执行的其他问题方面也涉及执行权与审判权的界域，研究分析这些问题，并提出关于审判权、执行权的界域完善建议。

（三）研究方法

1. 历史研究法。系统性地研究一般法学问题，通常需要考察其历史发展、演变，评论其进步，发现其不足，为以后提供建设性改良建议奠定基础。故本书采用了历史研究法，分析、梳理了我国三十多年来执行权与审判权界域方面的立法、司法解释的进步、演变、不足。

2. 比较研究法。学术研究离不开比较研究法，全面地比较研究包括纵向比较研究与横向比较研究。本书收集、整理了日本、韩国、法国、德国等国家以及我国台湾地区的资料，比较详细地介绍并评价了他们有关执行救济的法律规定和制度设置。这属于横向比较，其中也有一点涉及纵向的比较，如我国台湾地区执行救济之诉的从程序到实体改革的发展变化。

3. 实证研究法。实证研究法是当代学术研究推崇的方法，使单纯的学理研究具有针对性、实用性。本选题既为学理研究又为实务问题研究，而且，本书问题的提出来自法院实务界，另外来自法院实务界专家学者们的专著和大量的论文是笔者重要的资料来源。因此，本书虽然没有作数据统计研究，但是紧扣实务亟待解决的问题，从理论、立法、司法解释各方面梳理、分析、评论并提出建议，也属于实证研究方法。

第一章　执行权与审判权

第一节　执行权的性质

本书讨论的执行权是指民事执行权，也即民事强制执行权，是指根据我国民事诉讼法的规定，由我国人民法院行使的强制性权能。即执行机关根据申请执行人（债权人）的请求，强制被申请执行人履行生效法律文书确定的法律义务，实现申请人根据执行依据所应当获得的权益之权能。

执行权的性质，即民事执行权的性质问题是十几年前理论界的热门话题，至今尚未停歇。在关于执行权性质的讨论和理论交锋中，学者们提出了几种不同观点。另外，还有学者提出了与“性质”问题不同的“执行权定位”理论，并获得一些学者的响应。[①]虽然我国民事诉讼法与强制执行法合一立法，但是执行权毕竟与审判权有着本质的不同，它们是两项有关联的，但性质不同、功能不同、目的有所不同的权能。

一、执行权的性质

关于执行权的性质，即执行权的定位，理论界主要有以下几种不同观点：

---

① 童兆洪先生在其《民事执行权研究》一书中提出了执行权的定位理论，谭秋桂教授在其《民事执行权配置、制约与监督的法律制度研究》一书中也采用了这一理论。

(一) 司法权说

执行权的概念在我国法学界提出得比较晚，对其性质的研究也比较晚，早期学界对执行权性质的认识，多数人认为其属于司法权，现在仍有很多人持司法权说，但是，早期的司法权说与后期的司法权说的内容有所不同，因此，有学者将不同时期的司法权说分为“传统的司法权说”“修正的司法权说”“新司法权说”。①

“传统的司法权说”受泛司法权说的影响，认为司法权是一个内容十分广泛的概念，司法权是指包括我国公安机关、检察院、法院、仲裁委员会、公证处、监狱管理机关等与执行法律、实施法律措施的有关组织机构所享有的权力。强制执行权是由人民法院所行使的强制性权能，是我国《民事诉讼法》规定由人民法院行使的权能，人民法院是我国的司法机关，人民法院享有当然的司法权，因此，强制执行权的性质属于司法权，强制执行行为属于人民法院行使司法权的司法行为。

更有甚者认为，因执行权由人民法院行使，强制执行规范规定在我国《民事诉讼法》之内，执行权属于司法权，而人民法院是行使审判权的国家机关，因此执行权实际上又具有审判权的性质。目前持这种观点的学者仍有不少，因其大多没有充分论证司法权的范畴，仅以司法权的传统学说为基础研究执行权，所以得出的结论就会有问题。

虽然“修正的司法权说”也认为执行权属于司法权，但这种观点是在剖析执行行为的基础上提出来的。此说认为，执行行为可以分解为单纯的执行行为和执行救济行为，故而执行行为可以分为行政行为和司法行为，单纯的执行行为即为行政行为，执行救济行为即为司法行为，因此执行权包含司法权和行政权两个方面。尽管许多执行行为具有行政行为的特点，但是从整体上看执行行为应属

① 童兆洪：《民事执行权研究》，法律出版社 2004 年版，第 48~50 页。

于司法行为，执行权应当属于司法权。①

这种学说是在十几年前提出的，当时，我国学界对执行法学的研究刚起步，对执行法学理论的认识难免有局限性。这种学说看到了执行过程中有执行救济行为的发生，但当时我国《民事诉讼法》和执行司法解释中虽然有关于执行救济的制度规定，但尚未形成一个完整的体系，理论界对执行救济的认识尚不清晰，对执行救济的定位尚不准确，法院执行人员对当事人提出的执行救济不分实体与程序均有权裁判。因此，将法院执行人员对执行救济的裁判行为不分实体问题还是程序问题视为应然，在此基础上得出的上述结论，有失偏颇。

有一种不同于上述两种司法权说的“新司法权说”，该说采广义的司法权概念，认为执行权应当是由法院行使的、有别于法官审理裁判诉讼案件的审判权的、属于司法权的权能，是“民事执行权是司法权下的独立于审判权的一项法院强制权”。② 理由有二：一是民事执行法律关系，即执行机关与被执行人之间的关系具有多面性，与单面性（或线性关系）的行政法律关系有天壤之别。二是民事司法权是一个复合性的权力体系，除审判权外还包括民事执行权。即使在西方法治国家中，司法权也并非是单一的审判权，而是一个内涵丰富的权力体系，包括审判权和与审判权相关的或用于辅助审判权的一系列权力。③ 对此，有学者进一步提出“强制执行是司法行为而非行政行为”，“强制执行的性质是司法而非行政。因为：一是在强制执行原则上采取消极主义，非依申请不得启动，

① 江伟、赵秀举：《论执行行为的性质与执行机构的设置》，载陈光中主编：《依法治国，司法公正——诉讼法理论与实践》（1999 年卷），上海社会科学出版社 2000 年版，第 530~534 页。

② 肖建国：《民事执行权和审判权应在法院内实行分离》，载《法制日报》2014 年 11 月 26 日。

③ 肖建国：《民事执行权和审判权应在法院内实行分离》，载《法制日报》2014 年 11 月 26 日。

可依申请人的处分而中止、终结，不同于行政行为的积极主义；二是执行法律关系是三方关系、三面关系，不同于行政行为是两方关系、两面关系；三是强制执行作为纠纷解决末端程序，其目的和功能依然是解决纠纷，而非像行政那样是为了管理和秩序；四是强制执行行为不具有可诉性，一如法院的审判行为，而不同于行政行为”。①

这种称为“新司法权说”的学说比较有道理，此学说将法院的权能归属于司法权，在司法权之下包括审判权、执行权以及为审判和执行所必需的辅助性权能。其审判权中包括诉讼事件审判权和非诉讼事件审判权。

（二）行政权说

行政权说看到了执行行为与法院裁判行为的本质区别，学者在分析比较司法权与行政权区别的基础上提出了执行权属于司法权的观点。这种观点曾经一度成为热点，虽然有其不足之处，之后又受到一些学者的反对，但仍对强制执行理论的研究和发展起到了推进的作用，激发了学界研究执行权的热情。他们认为，执行权的行使与审判权的行使有质的不同，执行以执行实施权行使为主，故属于行政行为性质。持行政权说的学者对行政权的认识又有不同之处，因此有学者将不同的行政权说分为“传统的行政权说”和“修正的行政权说”。②

“传统的行政权说”早于“修正的行政权说”。传统的行政权说认为执行工作与审判工作不同，执行人员执行法院判决的行为属于行政活动，与行政行为性质相同。持此观点的学者提出“我们应当看到，作出司法判决是司法行为，然而执行判决却是一种行政行为”，进而得出结论“因此，合理的制度安排应当是，法院只管

---

① 雷运龙：《民事强制执行之基本定位》，载《人民法院报》2016 年 9 月 7 日。

② 童兆洪：《民事执行权研究》，法律出版社 2004 年版，第 52~53 页。

判决，而把执行判决的工作交由作为行政机关的公安局去完成”。[①]

传统的行政权说产生的历史背景：“执行难”成为社会所关注的问题，成为法院亟须克服的痼疾，大家纷纷为之献计献策。理论界出现一种观点认为，在有些国家的法院判决是由警察局执行，或者由法院之外的机构执行，这样有利于避免司法腐败、调动行政机关的力量、增强执行力度等，值得我国学习。学者们提出各种改革方案应对“执行难”，如不少学者提出改革现行执行机构在法院内的设置，将执行权交给行政机关——公安机关实施，或者司法行政管理部门实施的“良方”。再如，有的学者认为：“执行权本质上是行政权，根本不是司法权，这个观点如果不确立起来，执行活动搞得再扎实也是一种畸形的怪胎。执行为什么是一种行政行为呢？首先很简单，从英文 administrative power 字面上理解，执行的权力就是一种行政权；再一点，执行权具有司法权所不具备的特征，比如主动性、单方面性，甚至对公民权利的主动限制，而且是以不通过开庭的方式来进行的，各方也不一定都参与，总之是一种非常主动性的，能够积极地介入社会生活，干预民事经济法律关系的一种活动，哪有司法权的半点性质？所以说，执行难就难在定位错误。以美国为例，美国的联邦系统有联邦执行官，各州有各州的执行官，都设在法院之外。我们从来没有听说过美国联邦最高法院的九名大法官为执行难而操过心。”[②] 这种学说提出不久就遭到质疑，反对者认为在我国将对裁判文书的执行权交由法院之外的行政机关去执行会有种种不便、不利、弊端，且弊大于利。因为，不应将司法权简单等同于审判权，司法权是一个内涵丰富的权力体系，包括审判权和与审判权相关的或用于辅助审判权的一系列权力。即使在西方国家也是如此，通常法院不仅行使对诉讼案件的审判权，还行

① 贺卫方：《又见执行难》，原载《工人日报》1998 年 7 月 10 日；载贺卫方：《司法的理念与制度》，中国政法大学出版社 1998 年版，第 264 页。

② 陈瑞华：《司法权的性质》，载《法学研究》2000 年第 5 期。

使非诉讼案件的裁判权，以及不动产登记权等非诉讼事件的处理权。另外，如果将执行权定位为行政权，将执行机构设在行政机关内，会导致国家权力分配的严重失衡，特别是在中国，行政机关行使民事执行权必然会造成行政权的过度膨胀，会进一步贬损人民法院的司法权威，损害执行效率。另外，域外民事执行立法和实践充分证明执行权的司法性特征。域外执行体制模式，无论是集中法院的一元模式还是分散法院与法院外的二元模式，其重大的执行行为、巨额财产的执行、其他财产权的执行、执行裁决事项等几乎被法院所垄断；而法院外的执行员或行政官员只能介入价值较低的动产的执行，行政官员需要取得法院的命令后才能实施执行行为。①

反对者还纠正了这种观点所依赖的根据，指出“传统的行政权说”因对外国执行机关设置的认识有误而产生，一是误认为英美法系国家由警察来执行民事判决，警察是独立的执行机构，其实不然，在英美法系国家司法权威高于行政权威，警察执行判决是在法院的命令下进行，并非警察独立行使民事执行权。二是误认为瑞典和瑞士两个国家的执行体制为大陆法系国家执行体制的代表，其实不然，这两个国家的执行权由行政机关实施，执行机构为行政机关仅是特例，而这种特例产生于它们独特的社会和地理背景。它们人口稀少，人口密度小，民事诉讼案件数量也相对较少，执行案件更少，人居集中，由行政机关享有执行权较之由各个法院分别执行效率更高。②

“修正的行政权说”与“传统的行政权说”立足点不同，“修正的行政权说”立足于执行权由法院实施，而非应当改革由行政机关行使。该说认为，执行权“既包含司法权性质的执行裁决权，

---

① 肖建国:《民事执行权的司法权本质之我见》，载中外民商裁判网，2013年1月1日访问。

② 肖建国:《民事执行权和审判权应在法院内实行分离》，载《法制日报》2014年11月26日。

也包含行政权性质的执行实施权。而且从本质上说是一种行政权”。①

笔者认为，这两种行政权说的出现时间间隔不久，前者难以成为传统学说，根据其所表达的内涵称为“早期的行政权说”与“修正的行政权说”为宜。早期的行政权说立足于执行权机构应当改革设置在行政机关内，由行政机关享有执行权，幻想以此革除现行执行制度的缺陷、弊端和执行难的痼疾。但是，其理论根据不足，甚至根据错误，误认为国外执行机构多设在法院外、行政机关内。对我国法院所处国家政权体系中的实然地位的状况未予充分考虑，过于乐观并充满幻想。“修正的行政权说”有其合理性，持这种观点的学者看到了执行权不同于司法权的特性，看到了其与行政权相同的特性。

(三) 行政权与司法权双重属性说

一些既不赞同司法权说，也不赞同行政权说的学者认为：“强制执行权在国家分权（分工）属性上具有司法权和执行权的双重性。在执行工作中，司法权和行政权的有机结合构成了复合的、相对独立的、完整的强制执行权。”② 持这种观点的学者借鉴国家分权理论，分析研究并指出司法权与执行权是各具有不同特征的国家分权，认为“司法权由法院行使，但并非法院行使的所有权力都是司法权”。强制执行工作中的部分职权具有司法权的特点。例如，外国法院法官下达执行令状，我国法院执行人员发出执行通

① 高鸿宾：《执行权性质与执行改革》，载张启楣主编：《执行改革理论与实证》，人民法院出版社 2002 年版，第 101～103 页。

② 刘瀚、张根大：《强制执行权研究》，载《依法治国与司法改革》，中国法制出版社 1999 年版，第 432 页。

知；特别是我国法院执行法官对执行中的各种异议作出裁决。[①] 认为强制执行工作中的部分职权还具有行政权的特点，如调查被执行人财产、指令协助执行单位协助执行等执行行为。因此，强制执行权具有司法权和行政权的双重属性。[②]

（四）二重权力说

严仁群教授在其2006年完成的博士学位论文中提出了“二重权力说”，这是一种不同于“双重属性说”的学说。此说认为，民事执行权由执行实施权与执行裁判权两部分构成，执行实施权分为简单的执行实施权和复杂的执行实施权两种，简单的执行实施权是一种单纯的负责具体执行事务实施的权力，如送达执行文书、命令、通知、催告等；实施扣押、搜查或拘留；拍卖、变卖；办理证照转移、过户等行为。行使这种简单的执行实施权不涉及对复杂事项的判断。而复杂的执行实施权则涉及对当事人的请求、执行程序的进行等事项的准予、决定、命令或裁决等。执行裁判权是指对执行程序中发生的涉及当事人、案外第三人的实体性纠纷和程序性纠纷居中裁断的权能，这种权力是一种司法权。[③]

这种观点从现在学界对法院执行程序中所行使的各种权力性质的通说来看，有严重的缺陷，该学说将执行程序中涉及审判权，应当行使审判权解决的争议，如案外人异议之诉、许可执行之诉、分配方案异议之诉、债务人异议之诉等归于执行权之下。2006年，我国《民事诉讼法》执行程序部分尚未修改，一年之后修改的《民事诉讼法》增加了执行程序中的案外人异议之诉，再一年之后

---

① 刘瀚、张根大：《强制执行权研究》，载《依法治国与司法改革》，中国法制出版社1999年版，第435~436页。笔者注：这篇文章写于20世纪90年代末期，我国《民事诉讼法》中还未规定“案外人异议之诉”，最高人民法院司法解释也未规定“许可执行之诉”“分配表异议之诉”等制度。执行中所涉及的这些实体权力争议由执行人员直接行使裁决权处理。

② 刘瀚、张根大：《强制执行权研究》，载《依法治国与司法改革》，中国法制出版社1999年版，第435~436页。

③ 严仁群：《民事执行权论》，法律出版社2007年版，第21~31页。

的最高人民法院作出的《关于适用〈中华人民共和国民事诉讼法〉执行程序若干问题的解释》（以下简称《执行程序解释》）中也增加规定了许可执行之诉、分配方案异议之诉。不仅在学术上开始纠正以往执行权与审判权界限混乱的认识，区别了执行中实体性争议事件应当通过行使审判权解决，程序性事件由执行法官解决；而且立法上和最高人民法院司法解释中也弥补了以往的缺陷，确立了以往我国民事诉讼法从来没有的几个执行救济之诉。但是，“二重权力说”也意识到了执行中发生的有些争议属于实体性争议，应当通过行使裁判权解决，却将此刻的裁判权归属于司法权。如果仅限于此仍具可采性，但该学说却将执行中的这两种权力一并纳入民事执行权之内，认为“民事执行权的内容比较丰富，现行司法解释中对它作了两分法的划分，即一是执行实施权，二是执行裁判权”。[①] 令人感觉发生了逻辑上的问题。

（五）司法行政权说

区别于“行政权与司法权双重属性说”的“司法行政权说”，该学说的代表学者认为：执行行为具有不同于审判行为的行政性，而民事执行的目的在于强迫债务人履行债务以实现债权人债权；执行人员的职责就是依法将执行根据的内容付诸实现以保护债权人的利益；执行人员围绕执行根据确定的义务，主动采取强制性措施，强制债务人履行义务，与审判行为完全不同。民事执行具有确定性、主动性、命令性、强制性等行政行为的特征，但是其又异于一般意义上的行政行为，因此，“可以得出民事强制执行是一种以保证人民法院实现司法职能为基本任务的行政行为，即一种司法行政行为”。[②]

“行政权与司法权双重属性说”的特征是认为执行权同时具有两种不同属性，而“司法行政权”说的特征是认为执行权仅具有

① 严仁群：《民事执行权论》，法律出版社 2007 年版，第 21~31 页。

② 常怡、崔婕：《完善民事强制执行立法若干问题研究》，载《中国法学》2000 年第 1 期。

一种属性——行政权，即大司法权概念下的行政权。关于司法权范畴下的行政权，学者蒋惠岭首先将其定义为："法院的司法行政是指为法院实现宪法赋予的审判职能而存在的行政作用。"然后指出："在某种程度上，审判权与司法行政权在性质上同属于大的司法权的范畴，有时是不可分的，有相当一部分司法行政工作是在同一个法院或统一的法院系统控制之下。"① 常怡教授和崔婕教授的上述观点就是在肯定学者蒋惠岭观点的前提下的论证分析结果。

（六）不确定说或不能独立存在说

"不确定说"是一种观点，没有形成学说。持这种观点的人认为，"执行工作中体现的国家权力不能独立存在称为强制执行权，它是依附于执行依据作出时所体现的国家权力性质的。如果执行依据是法院的生效判决，那么执行生效判决的国家权力如同作出生效判决的权力的性质一样，属于司法权。后者是前者的必然延伸，没有在执行中国家权力的配合，作出法院判决的司法权是不完整的。如果执行依据是行政处罚或处理决定，那么执行行政处罚或处理决定的国家权力如同作出行政处罚或处理决定的权力一样，属于行政权，没有强制执行予以保证的行政权也是不完整的行政权"。②

这种观点鲜有人赞同，因为它将法院的强制执行权割裂开了，使一种权力在不同客体下变幻出不同的性质，合理性不足。另外，如同介绍此观点的刘瀚、张根大先生否定此观点时所指出的那样，作为法院的执行依据，除了法院自己作出的裁判文书和行政机关作出的法律规定由法院强制执行，而非行政机关自己执行的行政处罚决定和行政处理决定以外，尚有仲裁机构作出的仲裁裁决和公证机构作出的赋予强制执行效力的公证债权文书，难道说法院强制执行这些执行依据时所行使的权力还会摇身一变演化为仲裁权和公证权

① 蒋惠岭：《论法院司法行政体制改革》，载《人民司法》1999年第8期。

② 刘瀚、张根大：《强制执行权研究》，载《依法治国与司法改革》，中国法制出版社1999年版，第431~432页。笔者注：这不是作者刘瀚、张根大的观点，是他们文中介绍的他人的观点。

吗？显然不可能。

（七）司法权与行政权交叉地带边缘性权力说

这是谭秋桂教授提出的一种学说，早在 2001 年，谭教授在其《民事执行原理》一书中提出“民事执行权大概是处于行政权和司法权之间的权力”。[①] 2003 年在其《民事执行权定位问题探析》[②]中进一步指出：民事执行权“既不是纯粹的司法权，也不是完全的行政权，而是一种相对独立的国家公权力，它在国家权力结构中介于司法权与行政权之间，具有明显的边缘性”。谭教授认为：民事执行权是一项相对独立的、处于司法权和行政权边缘地带的边缘性公权力。“分权的相对性决定了纯粹的司法权和纯粹的行政权可能发生交叉，进而形成该两种权力的‘中间地带’，民事执行权恰好处于这种‘中间地带’而成为一种相对独立的国家权力；民事执行权与司法权、行政权的区别，决定了民事执行权既不是纯粹的司法权，也不是纯粹的行政权，它既不依附于司法权而存在，也不依附于行政权而存在，在国家权力体系中具有相对独立的地位。”[③]此学说声明执行权非三权之外的“第四权”，“第四权”是对此学说的误读。此学说的前提是立法、司法、行政三权分立，但是这三权并非绝对界限分明，三者之间有交叉地带，“分权的复杂性和困难性决定了分权不可能是绝对的，只可能是相对的”。[④]

笔者赞同上述第五种学说——司法行政权说，理由是：可以肯定法院所享有不仅是以裁判为目的、特征的司法权，法院同时必然享有一定范围内的行政权，以助力司法权的运行。这种司法行政权可以称为法院司法的行政权，便于理解。

① 谭秋桂：《民事执行原理》，中国法制出版社 2001 年版，第 23 页。

② 谭秋桂：《民事执行权定位问题探析》，载《政法论坛》2003 年第 4 期。

③ 谭秋桂：《民事执行权配置、制约与监督的法律制度研究》，中国人民公安大学出版社 2012 年版，第 70 页、第 73 页。

④ 谭秋桂：《民事执行权配置、制约与监督的法律制度研究》，中国人民公安大学出版社 2012 年版，第 65~67 页。

二、“执行权定位”与“执行权性质”异同之辩

执行权的定位，是指执行权在国家权力体系中的地位和作用，即执行权在国家权力体系中的位置和界域。提出执行权定位理论的童兆洪先生认为，执行权的定位与执行权的性质是两个不同的范畴，他在著作中将执行权的定位定义为：“民事执行权定位，是指民事执行权在国家权力体系中的地位，即民事执行权在国家权力体系中所处的位置。”① 但是，关于执行权的定位是否与执行权的性质属于同一问题，学界存在分歧，以童兆洪先生为代表的学者认为执行权的定位问题不同于执行权的性质问题，不应当将两者混淆，不应当以定位替代性质。相反的观点认为，“定位与性质实质上是同一问题的不同表述，定位问题实际上就是性质问题，或称性质定位，没有分开论述的必要”。② 以童兆洪先生的观点，执行权的定位所论述的内容实际上就是他人对于执行权的性质所论述的内容，但是童先生认为：根据“定位”的汉语语义分析，“定位”的定义是“把事物放在适当的位置并作出某种评价”，③ 而“性质”一词的定义是“一事物区别于其他事物的根本属性”，④“近年来，定位一词在社会科学领域被广泛应用，用来阐述事物在一定的社会关系领域中所处的地位，并作出适当评价……鉴于定位和性质问题内涵不同、意义有别，在研究民事执行权理论时不应将两者混淆，而应分别研究”。⑤

根据童先生的执行权定位理论，执行权定位分为宏观定位和微

---

① 童兆洪：《民事执行权研究》，法律出版社 2004 年版，第 45 页。

② 童兆洪：《民事执行权研究》，法律出版社 2004 年版，第 45 页。

③ 中国社会科学院语言研究所词典编辑室编：《现代汉语词典》，商务印书馆 2002 年版，第 297 页。

④ 中国社会科学院语言研究所词典编辑室编：《现代汉语词典》，商务印书馆 2002 年版，第 1412 页。

⑤ 童兆洪：《民事执行权研究》，法律出版社 2004 年版，第 46 页。

观定位，宏观定位是研究执行权在国家权力体系中属于司法权还是属于行政权的问题；微观定位是研究执行权在司法权体系中属于哪种权力，及其与其他司法权的关系问题。童先生将民事执行权宏观定位为司法权，微观定位为独立于民事审判权的民事司法权的下位权。① 而关于民事执行权的性质问题，童兆洪先生认为其为强制性，为民事司法强制权。

笔者赞同童兆洪先生关于民事执行权定位内容的精辟阐述，放眼法院、检察院、行政机构等各方面相关领域考察后的内容论证，也赞同其“定位”所讨论的是执行权在国家权力体系中的位置问题。但是笔者仍以为将执行权定位的问题，即执行权究竟是司法权还是行政权，抑或其他什么权的问题“定位于”执行权的性质为宜。因为，以汉语不同词义解释为依据来证明学说的合理性不太科学，在法学中我们往往会发现很多的概念与其所使用的汉语词义有出入，如“既判力的积极作用”和“既判力的消极作用”，此处的“积极”和“消极”与汉语通常使用的含义一样吗？显然不一样。法学中有很多术语不可以根据汉语表面语义去理解，这是其一。其二，如果说行政权的定位所讨论的是民事执行权是属于司法权还是执行权，抑或其他什么权的问题？执行权的性质是司法强制性，那么执行权的特点或者特征该如何表达？笔者注意到在童先生的《民事执行权研究》一书中没有关于执行权的特点或特征的内容，而特点或特征是一般法学问题的理论组成部分。

第二节 执行权性质理论价值

一、起因于破解“执行难”与“执行乱”

执行权性质研究曾经很热门，尤以 2007 年我国《民事诉讼

① 童兆洪：《民事执行权研究》，法律出版社 2004 年版，第 48~76 页。

法》修订之前为盛，主要起因于令我国法院倍感棘手的“执行难”和“执行乱”问题。“执行难”是指我国法院存在的胜诉当事人（包括经法院判决胜诉的当事人、经仲裁机构裁决胜诉的当事人），以及赋予强制执行效力的公证债权文书的债权人等执行程序中的所有债权人的债权应当实现而难以实现的状况。“执行难应当是指按照法律规定应当执行、可以执行的案件难以执行”，“现在要解决的‘执行难’，其着眼点是要排除各种干扰和阻力，下大力解决那些依法应当执行、被执行人又有偿付能力而因为种种原因没有执行的案件”。[①] 中发〔1999〕11号文件，即《中共中央关于转发〈中共最高人民法院党组关于解决人民法院“执行难”问题的报告〉的通知》中将“被执行人难找，执行财产难寻、协助执行人难求、应执行财产难动”作为导致执行难的外部因素。“执行乱”则包括违法执行、该执行不执行、执行腐败等问题；也包括民事强制执行立法严重滞后，许多强制执行制度缺乏，执行工作缺乏系统完善程序规则，难免“执行乱”，加剧“执行难”。“民事‘执行乱’的表现，可归纳为两种类型。一种类型是社会上出现的违法性民事强制执行；另一种类型就是有些法院内部出现的违法性民事强制执行。这种‘执行乱’现象的出现，增加了‘执行难’的难度，影响了‘执行难’的解决。”[②] 正如学者所指出：“当前民事‘执行难’现象无法有效缓解，与‘执行乱’息息相关。从近年来的民事执行申诉案中，我们不难看到以下现象：被执行对象确有错误，执行财产错误，执行手段粗暴，滥用拘留、罚款等强制措施，任意变更执行主体，执行过程中乱收费，个别法官侵吞执行款，为相关人员通风报信等，而由此涉及被查处的执行人员也

① 景汉朝、卢子娟：《“执行难”及其对策》，载《法学研究》2000年第5期。

② 黄双全：《我国民事“执行乱”的情况与对策》，载《政治与法律》1996年第1期。

有增无减。”[①] 为了提高执行工作效率，尽量满足当事人的需求，满足社会的需要，社会也呼吁亟须解决这两个问题。

二、带动了执行权配置研究

执行权的配置有两重含义：一是讨论研究我国民事强制执行权是由法院行使，还是交给行政机关行使，笔者认为可以称为执行权的法院外部配置。二是讨论研究根据我国《民事诉讼法》规定，由法院行使的民事执行权应当由哪几部分权力构成，笔者认为可以称为执行权的内部配置。

关于执行权的外部配置讨论，理论界及实务界形成两种不同的观点：一是执行权应当仍由法院行使。二是执行权应当交由行政机关行使，或者在法院之外由国家另行设置专司民事强制执行的行政机关行使。

研究执行权的性质，带动了执行权在现代国家权力架构中配置的研究，学者们纷纷研究如何合理配置执行权，以期科学有效地行使执行权能。执行权应当交由行政机关行使的观点曾经比较流行。“近些年来，由于民事案件‘执行难’问题的凸显，学界在民事执行理论的研究中，将目光投向民事执行权配置这一直接关系到国家机关权力分工的问题。并试图在界定民事执行权性质的基础上，审视民事执行权配置的合理性问题，思考我国民事执行体制和民事执行机构改革。”关心我国民事强制执行改革与发展的学者纷纷撰文献计献策，为解决我国“执行难”和“执行乱”寻求去疾良药。20 世纪 90 年代，学界曾一度误言国外 90%以上的国家执行权均非由法院行使，而是由法院外的警察或其他机构行使，因此，似乎在黑暗中看到了光明，似乎为困扰我国的“执行难”找到了良方——将执行权从法院移出来，交由行政机关或公安机关行使的观

---

① 陈鸣东、张齐爱、陈玉磺：《从“执行乱”谈新民事诉讼法下的民事执行监督》，载《西部法学评论》2008 年第 2 期。

点纷纷涌现。“执行难是中国司法的一个老大难，一般都搞执行大会战，常动用武警战士，但其根源是什么？根源是执行权属于行政权，根本不应该由法院来行使，法院行使执行权只会使法院更加不独立。”“由于我国的刑罚执行机构设在行政系统，相应地，我国的民事、行政判决和裁定的执行机关亦应设在行政系统。”

后来，持执行权仍然应当由法院行使观点的学者，通过具体阐述、分析外国执行权行使、配置的立法例，逐渐澄清了国外执行权大多数由行政机关行使的错误认识，方使执行权应当由行政机关行使的外部配置论冷静下来。

执行权的外部配置问题也是审执分离的问题，即审判权与执行权的分离不仅是指两权各自分别由法院的不同机构行使，而且还应当将执行权从法院分离出去，审判权由法院行使，执行权由行政机关行使。

关于执行权的内部配置讨论，是指执行权由法院专门的执行机构行使，但是“为了促进执行权的公正、高效、规范、廉洁运行，实现立案、审判、执行等机构之间的协调配合，完善执行工作的统一管理”，① 应当将执行权分权运行。关于执行权下可以分为几部分子权力，理论界提出了二分说、三分说、四分说三种不同观点。二分说认为，执行权应当分为执行实施权和执行裁决权两部分，分别运行。三分说认为，执行权应当分为执行实施权、执行命令权和执行裁决权三部分。四分说认为，执行权应当分为执行调查权、执行命令权、执行实施权、执行裁决权四部分。② 对执行权的内部分权配置，我国人民法院进行了几年的改革试验，2011 年最高人民法院印发的《关于执行权合理配置和科学运行的若干意见》中将执行权分为执行实施权和执行审查权，确定了我国人民法院执行权的分权运行机制，并确定“执行实施权的范围主要是财产调查、

① 参见法发〔2011〕15 号《关于执行权合理配置和科学运行的若干意见》。
② 肖建国主编：《民事执行法》，中国人民大学出版社 2014 年版，第 20 页。

控制、处分、交付和分配以及罚款、拘留措施等实施事项。执行实施权由执行员或者法官行使”。“执行审查权的范围主要是审查和处理执行异议、复议、申诉以及决定执行管辖权的移转等审查事项。执行审查权由法官行使。”①

三、打开了执行程序中引发的执行权与审判权界限问题之门

执行权性质研究带动了沉寂的强制执行法学研究，通过对执行权性质的剖析，强制执行的学术视野豁然打开。在这个发展进程中，执行权与审判权的界限问题被提出并日益突出，两者之间的不同属性、不同职能在理念上日益清晰。“审执分离”已经超越以往简单的同一审判员不得同时是执行员，不得既负责审判案件又负责执行的简单问题。问题研究进入执行程序中引发的争议——有些是否应当由审判权裁判，即是否应当由发生争议的当事人或案外人提起诉讼解决。并且进一步提出，哪些异议或争议应当由执行机关行使执行权裁断？哪些异议或争议应当由法律设计诉讼救济途径，予以诉讼救济？

对执行程序中发生的问题，提出程序救济还是实体救济的问题，在我国诉讼法学领域，最早以常怡教授主编的《强制执行理论与实务》为代表。该书“执行救济”之“执行异议”中，提出执行异议应当是指案外人对执行标的物提出的实体权利主张，法律应当以诉讼的方式予以救济，但是，当时我国民事诉讼法未设置这种救济途径。常教授提出应当参照德国民事诉讼法的规定，允许案外人进入诉讼。② 然而，受当时科研条件的局限，常教授将执行救济之诉与执行根据错误应当再审混同，仅着眼于执行根据错误引起了案外人异议的案件。

对执行程序中发生的问题，学界提出程序救济还是实体救济的

① 参见法发〔2011〕15 号《关于执行权合理配置和科学运行的若干意见》。

② 常怡主编：《强制执行理论与实务》，重庆出版社 1990 年版，第 194~199 页。

问题，若干年后引起了最高人民法院的关注，最高人民法院在研究制定《执行规定》时，有专家学者提出了应当考虑给予当事人或案外人诉讼救济的主张，但是最终未被采纳。[①]

第三节　审判权的构成与特征

一、审判权的构成或分解

如果将审判权分解，审判权应当包括哪些内容？对此学界有几种不同观点。

观点一认为：审判权包括审理权和裁判权。“审判权是国家权力不可分割的组成部分和国家司法权的主要内容，它主要由案件的审理权和裁判权构成。”审理和裁判对应的是当事人的诉讼，审判权是与当事人的诉讼权所对应的权能。执行是诉讼结果的强制实现程序，执行权所对应的是胜诉当事人的申请执行权。[②] 有学者将审理权和裁判权再分解，其中审理权包括过程控制权、询问权、调查取证权、释明权、证据审查权和事实认定权；裁判权包括程序事项裁决权和实体争议裁决权。[③]

观点二认为：审判权包括事实认定权、法律适用权、调解权、判决权和程序管理权、裁决权五个方面。[④]

观点三认为：审判在广义上包括民事强制执行，即审判权中包括强制执行权。很多学者认为，民事审判权的内容除了包括民事诉

① 黄金龙：《〈关于人民法院执行工作若干规定（试行）〉实用解释》，中国法制出版社 2000 年版，第 219 页。

② 谭兵、李浩主编：《民事诉讼法学》，法律出版社 2009 年版，第 31 页。

③ 张卫平：《民事诉讼法》，法律出版社 2004 年版，第 54 页。

④ 李浩主编：《民事诉讼法学》，法律出版社 2011 年版，第 59 页。

讼的几项权能以外，还包括强制执行权。①

观点四认为：审判权包括事实认定权、法律适用权和诉讼程序指挥权三项权能。

观点五认为：法院在诉讼中的权能，在此可以理解为审判权，包括程序控制权、程序异议裁决权、调查取证权、证人询问权、释明权、事实认定权和实体争议的裁决权七项权能。②

笔者认为，审判权的核心权能就是案件审理权和案件裁判权，即审判权包括对争议、事件的事实的审理权和对法律关系或法律责任适用法律的裁判权。审理与审判不同，审理仅指法院法官传唤双方当事人到法庭，对他们的争议主持陈述、举证证明、质证、辩论等过程，不包括法官的裁判过程。审判包括审理与裁判两个程序。因此，若分解审判权的结构，审判权就应当包括审理权和裁判权两部分。

审判权不应当包括法院执行权，审判权与执行权是性质不同的两种权能，我国《民事诉讼法》规定审判权和执行权均由人民法院行使。我国强制执行法律规范规定在《民事诉讼法》中，是立法形式的问题，并非因审判权与执行权同质，审判权包括执行权。审判权不包括执行权之理由如前所述。

诉讼程序指挥权不应当属于审判权范畴，但它又是法院诉讼程序中必不可少的权能。笔者主张法院的诉讼程序指挥权属于审判权附带的一项权能，性质属于法院行政权。因为诉讼指挥权是法官所享有的，为诉讼程序的进行而管理诉讼的权能。这种权能不是裁判当事人之间的实体法律争议，而是为解决争议的诉讼程序的进行、中止、终结，以及附带程序开始、进行、终结等事项所必要的权

① 谭兵、李浩主编：《民事诉讼法学》，法律出版社 2009 年版，第 32～33 页；江伟主编：《民事诉讼法学》，复旦大学出版社 2006 年版，第 139～140 页；王圣甬、王成儒：《中国司法制度研究》，人民出版社 2006 年版，第 32 页。

② 张卫平：《转换的逻辑——民事诉讼体制转型分析》，法律出版社 2004 年版，第 319～364 页。

能。附带程序是指那些诸如证据交换、法庭审理、财产保全、先予执行、委托司法鉴定等程序。

关于法官的诉讼程序指挥权的性质问题，学界在讨论、阐释审判权的构成时，大多数学者认为它属于审判权范畴内的权能之一。①

调解权是否属于审判权，学界有争议，形成了不同观点。传统观点认为，法院对民商事案件进行调解是其行使审判权的行为，但这种观点已经过时。时下通说认为，调解是法院行使审判权与当事人行使民事处分权的结合物。也有观点认为，调解就是当事人行使处分权的行为。笔者认为，调解是我国法院法官的一项附带权能，因调解必须当事人自愿，法院不得强迫或变相强迫，所以不宜将其视为法院的审判权，否则容易强迫调解。还有观点认为，法院是以审判为主旨的机构和机制，调解不应当被过分强调。但在我国“调解型审判”的传统下，将调解视为审判权性质的权能缺乏合理性。

裁决权，是指法院对程序事项的裁断权能，是诉讼程序中不可或缺的权能。裁决权是诉讼程序依法进行的保障，也是诉讼当事人程序合法权利的保障。虽然裁决权适用于程序事项判断，但因有些程序事项涉及实体权益，故裁决权当属裁判权范畴。判决权的职能是适用法律作出判断，适用法律与作出裁判是互为关联的关系，故适用法律权是裁判权所包括的内容。笔者认为，观点二中的事实认定权、法律适用权、判决权和裁决权是审理权与裁判权的分解表述。②

---

① 江伟主编：《民事诉讼法学》，复旦大学出版社 2006 年版，第 139~140 页；谭兵、李浩主编：《民事诉讼法学》，法律出版社 2011 年版，第 32~33 页。

② 李浩主编：《民事诉讼法学》，法律出版社 2011 年版，第 32~33 页。

二、审判权的特征

（一）审判权之裁判性

审判的实质是解决当事人之间发生的法律争议，通过审理的程序，达到判断对错胜负的目的。审理是裁判的必要前提，裁判是审理之后的结果。国家设置法院的目的就是因私力救济被禁止，而为社会提供公力救济，裁断纠纷，解决争议。民事诉讼法律包括诉讼程序与非诉讼程序，就非诉讼事件而言，法院所行使的也是判断权，不过这种判断权与对诉讼争议事件的判断权不同。前者非因两方不同的主体之间产生争议引致，而是申请人请求法院审理确认法定的、特定的具有法律意义的事项，以判决的方式作出宣告。法院行使的这种权力也有判断权的性质。

与执行权相比，审判权之裁判性，裁判实体问题争议为其实质性特征。论执行权与审判权之界限，论两权之本质区别即在于此。执行权不可能涉及当事人以及当事人与案外人之间的实体性争议，否则不仅仅是权力范畴混乱，更重要的是当事人的实体权利无程序权保障。审判权的设置充分考虑到当事人的程序保障，以辩论权的设置为标志。

（二）审判权之中立性

公正是司法审判的根本属性，也是民事纠纷公力救济的根本属性。公正要求裁判者必须不偏不倚，不得有任何偏见，不得有一点倾向。因此，行使审判权的法官必须中立，对当事人之间的争议，通过审理，根据事实，居中裁判。审判的中立性要求法律给予当事人双方平等的诉讼权利，使他们承担平等的诉讼义务，此举之目的是使双方当事人都能够充分陈述、举证、辩论，为法官作出公平裁判提供充分的条件和相应的基础。审判者及审判权的中立性是公正裁判的必要条件，是公正裁判的基础条件。与审判权不同，执行权不以中立为特征，强制执行的目的是通过公力救济机关行使强制性的权力，使债权人的债权实现，使债务人依法履行裁判文书确定的义务。

（三）审判权之独立性

审判权之独立性问题即司法独立，司法独立是具有法律理念的人们的共识，因为司法权主要是裁判权，由法官对当事人之间发生的法律权利义务争议，根据审理后证据证明的，并且其内心确认的事实，适用法律作出的权威评判。法院法官认定事实，适用法律规范作出权威判断时，必将服从法律规则，遵从司法良知，恪守法律道义，担负法律责任。在这个过程中，法官或法院不受任何其他权力机构和权力掌握者的影响、干预。法院之外的任何权力部门和任何权力掌握者应当具有不得干预司法的意识。司法独立不同层面和不同角度的表现形式，我国学者总结为司法独立、法院独立与法官独立。美国耶鲁大学法学教授欧文·费斯（Owen Fiss）在其著作《如法所能》中，对司法独立的三种表现形式作了详尽的分析，他说："第一种独立的形式——对当事人保持中立（party detachment）——涉及庭审中法官和当事人的关系。这种中立根源于人们对公平对待的渴望。它要求法官不能和当事人有亲缘关系，不能被当事人以任何方式控制和影响……第二种司法独立形式——法官的自主性（individual autonomy）——涉及司法和司法系统其他成员的关系。它要求法官在决定事实和法律问题时，不受法学界和其所在机构所施加压力的限制。根据这一原则，司法判决是个人良心和责任的体现……第三种司法独立形式——隔绝于政治影响（political insularity）——可能是最复杂的。它要求司法独立于由公众控制的政府部门，具体指行政和立法机关……隔绝于政治影响是需求司法公正必不可少的因素。"①

（四）审判权之终局权威性

矛盾是人类社会发展进步的动力，早先人类解决争端的机制主

① ［美］欧文·费斯：《如法所能》，师帅译，中国政法大学出版社2008年版，第75页。

要依靠自行和解或第三方居中调解，但是随着社会财富的日益积累，随着人们对财富的占有争夺，和解与第三方调解往往抵不过强者公开的抢夺、暴力，斗争的过程逐渐产生了法律、执法者及其法律裁判者。私力救济被公力救济替代，司法裁判成为解决争端的最终站点。至现代文明和民主社会，民事权利义务纠纷由司法最终解决，因此，法院行使审判权的结果是权威的最终结果。

三、审判权与执行权之区别

虽然我国民事诉讼法中包括了民事执行程序规范，审判权与执行权均由人民法院行使，但是审判权与执行权是两项不同的权能，它们主要有以下区别：

1. 审判权是法官行使的对当事人之间的争议居中裁断的权能，执行权是被赋予实施国家强制力的主体，对法院生效判决确定、仲裁裁决确定或赋予强制执行效力的公证债权文书确定的，以及其他法定的执行根据确定的应当履行民事义务者，强制其履行对债权人的义务的权能。

2. 审判权由审理和裁判两部分权能构成，审理是裁判的基础，裁判必须在审理的基础上作出。审理以对抗的双方当事人诉答、辩论为核心，而诉答、辩论以证据为武器，此乃法律的必经程序。而强制执行，是以法院的生效判决、裁定、命令（支付令），仲裁裁决、赋予执行效力的公证债权文书、法律规定由法院执行的行政处罚决定或行政处理决定为依据，由法院执行人员采取强制措施，强制被申请执行人（债务人）向申请执行人（债权人）履行执行依据确定的法律义务的行为。与审判程序不同，执行当事人不得就他们之间的争议再行主张、辩论和证明。法院执行法官或执行人员不得就执行当事人之间已为执行依据确定的实体法律权利义务擅自裁断。

3. 我国法院的执行法官或执行人员所应当享有的权能包括执行实施权、执行中程序事项的裁判权，不应当包括实体争议的裁判权即判断权。

4. 执行权具有裁断性、中立性、独立性及终局性，而执行权正如有学者所总结的其具有单向性，即执行机构针对被执行人采取的执行行为，均以限制或禁止被执行人处分执行物、最终满足债权的清偿为目的；而审判权是消极的、被动的权力。“……（2）民事执行的不平等性与审判的平等性；（3）民事执行主体的主动性与审判主体的中立性；（4）民事执行的强制性与审判的和平性；（5）民事执行的职权主义与审判的当事人主义；（6）民事执行的效率取向与审判的公正取向”。①

总之，审判权与执行权是两种不同性质的权力，虽然同在司法权这个范畴之下，但这两项权力行使的程序、目的不同，它们所针对的客体也不同。前者目的在于作出公平公正的裁判，后者目的在于运用国家强制性强制实现申请执行人以执行根据所获得的权利。应当区别对待，分别行使，不应混同。

第四节　审判权、执行权与司法权之关系

一、司法权的不同解读

（一）司法权在西方国家与我国的不同解读

司法权在西方国家法律和法学背景下的语义与在我国法律和法学背景下的语义中有所不同。在西方国家法律和法学的语义中，早期的司法权被认为是在行政权之下的权力，三权分立理论确立以后，司法权才与行政权有区别，司法权才从行政权中独立出来。“在实行诸权合一的年代里，立法、行政和司法并没有进行严格的界分，古今中外概无例外。所以一直到了启蒙时代，洛克还是认为司法权隶属于行政权。到孟德斯鸠那里，三权分立的理论才最终得

① 肖建国：《审执关系的基本原理研究》，载《现代法学》2004 年 10 月。

以完整确立。资产阶级革命以后，人们运用孟氏理论建立了分权制衡的宪政体制，司法权才独立出来。”① 现代司法权与国家审判权等同，司法是与法院相关联的概念，法院是唯一的司法机关，除此之外别无其他，因此将其定义：“现代意义上的司法权（justice power）是指国家制度化了的第三方——法院——来行使的社会权力……它的法定目的就是合法地裁定冲突中的事务和利益，以实现正义，履行司法的国家义务”。② 因此，人们在西方法律语境下谈论司法权时通常是指向国家建构中法院的审判权。关于司法权，现代法治国家都在宪法中确定由法院或法院和法官行使。例如，德国《基本法》第九章第 92 条规定：“司法权力应被授予法官；它应由联邦宪法法院、本《基本法》规定的联邦法院、及各州法院行使之。”③ 1946 年日本《宪法》中规定：一切司法权属于最高法院及由法律规定设置的各级法院。④ 该宪法第 76 条第 3 款规定：“所有法官，均依其良心，独立行使职权，仅受本宪法及法律之约束。”⑤ 西班牙《宪法》第六章“司法权”第 117 条中规定：“司法权来自人民，司法权的行使代表国王，法官和大法官是独立的、不可触动的、负责的、只服从法律。任何形式的司法权，都要通过审判和执行判决，由法律确定的法庭和法院根据法律规定的权限及程序行使。”⑥

西方国家真正实行三权分立的是美国，很多国家实行的是议会制。因此，司法权的模式或者内涵在不同国家有所不同，有的国家的司法权是指法院所享有的对诉讼案件的审理裁判权，有的国家的

① 石茂生：《司法及司法权含义之探讨》，载《河北法学》2012 年第 2 期。

② 陈春明：《司法权及其配置——理论语境、中英法式样及国际趋势》，中国法制出版社 2009 年版，第 288 页。

③ 薛小建主编：《外国宪法》，北京大学出版社 2007 年版，第 225 页。

④ 薛小建主编：《外国宪法》，北京大学出版社 2007 年版，第 91 页。

⑤ 薛小建主编：《外国宪法》，北京大学出版社 2007 年版，第 201 页。

⑥ ［厄瓜多尔］美娜审定：《西班牙宪法典》，潘灯、单艳芳译，中国政法大学出版社 2006 年版，第 42 页。

司法权则是由法院和行政机关共同行使的职权。对此，胡夏冰博士专有研究，胡夏冰博士认为，“从各国司法的总体模式来看，世界上主要存在着两种基本的司法模式类型：一是美日的一元主义司法模式，二是德法的二元或多元司法模式”。[①] 美国是一元主义司法模式代表，按照美国《联邦宪法》第3条的规定“合众国的司法权属于最高法院以及由国会随时下令设立的低级法院”，美国的司法权是由法院行使的包括对民事、刑事和行政诉讼事件和争议审理裁判的权能。从美国的司法实践对“司法”的诠释来看，法院司法的权能还包括法律解释以及对适用法律是否符合宪法、是否合法予以裁决的权能。[②] 与此相同，日本和我国台湾地区也为一元主义司法模式，司法权由法院行使，包括审理并裁判民事诉讼、刑事诉讼和行政诉讼的权能。而德国法则有所不同，法律规定的司法权限于法院审理裁判民事、刑事诉讼案件，法院不享有法律解释权和违宪审查权。违宪审查权由专门的宪法委员会行使，法律解释权由立法机关行使。法国与德国类似。“在欧洲大陆法系国家，司法的任务并不是由司法机关单独来完成的，其他具有立法和行政性质的机构实际上也在行使司法的职权。这种司法职能由不同的国家机关行使的司法模式，被称为司法二元或多元主义。”[③]

在我国古代的司法传统中没有明确的司法权观念，因为我国长期实行行政司法合一体制，行政权与司法权由同一主体掌握及行使，而这一主体的主要面目为行政官，次要面目才是司法官，这是其一。其二，即司法与行政的界限不太清楚，边缘有些模糊，正如有学者对中国司法独立问题考察后总结：“有学者从不同的话语层

① 胡夏冰：《司法权：性质与构成的分析》，人民法院出版社2003年版，第195页。

② 胡夏冰：《司法权：性质与构成的分析》，人民法院出版社2003年版，第195页。

③ 胡夏冰：《司法权：性质与构成的分析》，人民法院出版社2003年版，第197页。

次对我国古代司法作出过精辟的描述：1. 从职权的范围而言，古代司法被赋予了国家最为重要的管理手段的地位——全能性的司法……2. 中国古代司法是一种伦理性的司法……3. 司法的‘非讼’追求。”[①] 而在我国现代论及司法权时，其指向不仅仅是法院所行使的权力，往往还包括检察院，甚至更多与法律有关的机关行使的权力。

（二）司法权在我国的不同解读

关于司法权的概念与范畴，我国学界有几种不同观点：[②]

1. 泛司法权说。“泛司法权说”是笔者对这种学说的概括，学界将这种学说称为“大司法权说”或者“广义的司法权说”。这种学说认为，司法权是指我国公安机关、检察院、法院、司法行政机关在处理诉讼案件和非诉讼案件所享有的权力，其中包括律师、公证、仲裁这几类组织机构办理诉讼案件和非诉讼案件时所享有的权力。持这种观点的学者认为，“鉴于司法制度在目前已发展成为结构复杂、功能多样的系统，那种把司法制度仅仅限于审判制度的概念早已过时，它不符合我国人民司法的理论和实践。根据我国的实际情况，我们把司法制度定为审判、检察、侦查、劳改、律师、调解、仲裁、公证八项制度”。[③] 这是在批判三权分立的基础上产生的理论，他们认为：“那种认为司法仅指法院和法官的审判活动，是受资本主义国家的所谓‘三权分立’的影响而产生的观念。即使在资本主义国家，由于‘委任立法’和‘跨权体制’的出现和发展，它们的立法权、司法权和行政权已不为议会、法院和政府所

---

① 陈春明：《司法权及其配置——理论语境、中英法式样及国际趋势》，中国法制出版社 2009 年版，第 175 页。笔者注：陈春明系总结韩秀桃著作《司法独立与近代中国》（法律出版社 2000 年版，第 47~67 页）之结论。

② 参见王圣诵、王成儒：《中国司法制度研究》，人民出版社 2006 年版，第 32~33 页；石茂生：《司法及司法权含义之探讨》，载《河北法学》2012 年第 2 期。

③ 鲁明健主编：《中国司法制度讲义》，人民法院出版社 1987 年版，第 1 页。

各自专享了。”[①] 持这种观点的学者在批判和否定西方国家司法制度和法院系统设置的基础上认为：我国司法权的统一性正是我国司法制度优越于西方司法制度的地方，司法权的统一行使，在我国历史上是空前的，并为其他国家所不及。美国司法机关由联邦法院和州法院两套系统构成，实体法和程序法也由此分为联邦法和州法两套，德、法等大陆法系国家在普通法院外还设置了隶属行政系统的行政法院，司法权极为不统一。[②] 这种观点在我国 20 世纪八九十年代之前盛行。众所周知，那时我国法学理论研究的深度和广度还很有限，理论上对公安机关、检察院、法院、司法行政机关和律师事务所、公证处、仲裁委员会各自的职能、性质等基本属性问题的研究尚未全面展开。例如，公证机构的性质问题当时定位为行使国家证明权的机构，对其法律服务性还未公开认可，公证当事人因公证纠纷对公证处提起诉讼还属于行政诉讼，而非如今的民事诉讼。律师事务所还隶属司法局，律师事务所自负盈亏，合伙制律师事务所刚开始酝酿。因此，当时这种观点流行不足为奇。如今这种学说基本被否定，理论界对司法权的研究发展迅速，司法权的本来面目逐步显现，司法权的本质属性逐步被发掘出来。这种观点主要为我国学界过去所主张，外国也有少数国家法律将司法权定位为法院、检察院及其他机构行使的权能，如保加利亚和科威特。[③]

泛司法权说在我国法学理论界还有一种表现，即研究中国司法制度的学者均认为，司法制度包括审判、检察、狱政等与执法相关联的制度。有关中国司法制度的教材均包括这些内容。

2. 公检法三元说。“公检法三元说”以及下述“法检二元说”和“法院一元说”是笔者对这些学说的概括，笔者认为这种概括

---

① 鲁明健主编：《中国司法制度讲义》，人民法院出版社 1987 年版，第 1 页。

② 鲁明健主编：《中国司法制度讲义》，人民法院出版社 1987 年版，第 61 页、第 46 页。

③ 参见陈光中等：《中国司法制度的基础理论问题研究》，经济科学出版社 2010 年版，第 12~13 页。

简洁明了，可以使人望文晓意。这种学说即学术界所称的“三权说”或者“比较狭义的司法权说”，此说与“泛司法权说”属于同时代，此说认为司法权是指我国公安机关、检察院、法院在司法活动中代表国家所行使的权力，而且公安机关仅在刑事侦查中行使司法权。“不过，就像一个简单的过渡一样，这种观点在还没有被广泛讨论和接受的情况下，就迅速被更为狭义的‘司法权说’所取代或吸收。”① 这种学说因公安机关属于行政机关而遭到质疑，但是又因公安机关在刑事案件中的侦查职能而存在。

3. 法检二元说。此学说即“两权说”，认为司法权是法院和检察院适用法律履行审判、检察职责中所享有的权力。公安机关、司法行政机关及国家安全机关属于国家行政机关而不属于司法机关，不享有司法权。虽然公安机关享有刑事侦查权，参与司法活动，但其权力性质本质上不属于司法权。司法权仅指法院的审判权和检察院的检察权。在我国，“这种观点不但得到了学界主流的支持，而且成为检察机关的自我认同，并获得了党和国家立法机关的某种认可”。② 石茂生教授在研究了党的十五大、十六大和十七大报告后得出结论：“如果进行语义分析，这里明白无误地表明执政党和立法机关所认可的司法机关包括检察院。”③ “在中国，按照宪政的安排，这样的专门司法机关就是人民法院和人民检察院。人民法院和人民检察院是代表国家行使司法权的专门机关。这样，国家司法权就等于交付给了司法机关，国家的司法权就演变成了司法机关的司法权，具体而言，就是人民法院的审判权和人民检察院的检察权。”④ “法检二元说”是我国学界普遍否定“泛司法权说”之后兴起的，是获得最多认同的，特别是获得我国司法界及党和政府认同的主流学说。

---

① 石茂生：《司法及司法权含义之探讨》，载《河北法学》2012 年第 2 期。
② 石茂生：《司法及司法权含义之探讨》，载《河北法学》2012 年第 2 期。
③ 石茂生：《司法及司法权含义之探讨》，载《河北法学》2012 年第 2 期。
④ 刘作翔：《司法权属性探析》，载《法制日报》2002 年 9 月 22 日。

国外也有法律规定将司法权定位为法院和检察院行使的权力，如意大利和俄罗斯。意大利《宪法》第102条规定："司法职能由关于司法体制的法律规范所创设和规范的普通司法官行使。"而意大利的司法官既包括法官又包括检察官，司法机关既包括法院又包括检察院。俄罗斯1993年《联邦宪法》第七章关于司法权的规定包括法院和检察院两个机构的职权。[①] 但是这样的国家为少数，大多数国家还是将司法权定位为法院或法官行使的职权。

4. 法院一元说。"一元说"是最狭义的司法权说，此说认为司法权仅是法院审判案件所享有和行使的权力。这一学说在以三权分立为国家权力制度基础的西方国家为主流学说。我国也有越来越多地学者主张这一学说，但是反对者评论道："持有该观点的学者们通过重返司法权的'本源'，对检察机关的司法属性提出质疑和挑战。他们认为所谓的司法权具有'中立性、消极性、判断性、独立性和终局性'等特性，从此标准出发来审视检察机关，试图将其排除在'司法权'之外，即司法权只应当属于法院。"[②] 这一观点与西方国家法学界的观点相同，将我国检察机关排除在"司法机关"之外，认为检察院应当属于行政机关，否定检察院在我国法律体系中的"法律监督者"的角色。此学说认为："侦查、起诉这类刑事活动充其量只是一种行政活动：侦查不过是行政活动向司法领域的延伸而已，本质就是一种行政活动；就检察而言，无论提起公诉也好，准备起诉也好，因为它要代表国家维护社会治安、打击犯罪、保障社会的正常秩序，所以也是一种行政活动，它符合所有行政权的基本特征，如主动性、扩张性以及一系列其他方面的特征。"[③] 此观点在我国提出之后引起了我国学者激烈地争论。

有学者将实质上属于"一元说"，但两者略有区别的"判断权

---

① 陈光中等：《中国司法制度的基础理论问题研究》，经济科学出版社2010年版，第14页。

② 石茂生：《司法及司法权含义之探讨》，载《河北法学》2012年第2期。

③ 陈瑞华：《司法权的性质》，载《法学研究》2000年第5期。

说”“裁判权说”与“大司法权说”“三权说”“两权说”并列为五种不同学说。笔者认为，这种分类发生了逻辑上的错误，因为“大司法权说”“三权说”“两权说”都是以司法权的主体为标准划分的，而“判断权说”和“裁判权说”是以权力的性质为标准划分的。“判断权说”和“裁判权说”应当同属于“法院一元说”，即“法院一元说”可以分为两种不同学说，一是“判断权说”，二是“裁判权说”。“判断权说”认为，司法权是指法院和法官对当事人之间的争议进行判断的一种权力。“何谓‘判断’？判断是一种‘认识’……判断的前提是关于真假、是非、曲直所引发的争端的存在。司法判断是针对真与假、是与非、曲与直等问题，根据特定的证据（事实）与既定的规则（法律），通过一定的程序进行认识。”[①]“裁判权说”认为，司法权是法院在审理案件的过程中所行使的审判权。“司法权的本质是裁判权，它以争端的发生为前提，然后给争端的参与者一个公平的解决，而且这种方式是采取一种论辩式的结构，最后以整个过程为基础得出结论，解决了争端，实施了法律。”[②] 笔者认为“判断权说”与“裁判权说”其实是在论证司法权的性质，在分析研究司法权的性质的基础上得出的结论。可以说“判断权说”与“裁判权说”是在一致认为司法权是法院审判案件时所行使的权力的前提下，对司法权性质的不同侧重点之下的不同观点。他们都认为诉讼权是法院审判案件时所行使的权力，但是对这种权力的性质如何定位，两者的观点不同。

另外，还有学者提出司法权“多义说”，即司法权有广义与狭义之分，广义的司法权是指“泛司法权说”，狭义的司法权是指“法院一元说”。该学者认为：“司法权有狭义和广义两种解释。狭义的司法权指的是审判权，即司法机关通过诉讼案件的审讯、判决

① 孙笑侠：《司法权的本质是判断权——司法权与行政权的十大区别》，载《法学》1998 年第 8 期。

② 陈瑞华：《司法权的性质》，载《法学研究》2000 年第 5 期。

以执行法律之权；广义的司法权则除审判权外，还包括仲裁、调解、公证对公务员的惩戒以及对法官和律师的培训与任用等方面的权力，有的国家还把法律的违宪审查权置于司法权之内，称为司法审查。”[①] “多义说”符合我国的实际情况，“司法”一词在我国的应用广泛，通常情况下意指以适用法律有关的职能部门，包括公安、检察、法院、公证、律师、狱政管理部门、司法行政管理部门等，甚至包括仲裁。司法权仅指法院所行使的权能，局限于学术理论研究。

（三）笔者主张司法权一元说

在“司法权一元说”前提下，就可以从法院审判案件的角度总结其性质。对此，我国理论界主要有两种不同观点，一种观点主张司法权是判断权，另一种观点主张司法权是裁判权。主张司法权的性质是判断权的学者从将司法权与行政权比较的视角，认为判断是司法权的本质内容，“判断的前提是关于真假、是非、曲直所引发的争端的存在。司法判断是针对真与假、是与非、曲与直等问题，根据特定的证据（事实）与既定的规则（法律），通过一定的程序进行认识”。[②] 这种学说“是我国法理学界部分学者近年来对司法权本质的一些认识，认为司法权实质上是司法人员对争议的行为进行判断的一种权力。这种权力被赋予法院和法官，以区别于立法权和行政权”。[③] 主张司法权的性质是裁判权的学者认为：“相对于立法权而言，司法权是一种裁判权，并且是通过将一般的法律规则适用于具体案件上，来发挥其裁判案件这一功能的。”[④] “裁判权说”将司法权定位于法院审理裁判案件的权力，将审判权的主体界定为法院，司法权就等同于法院对诉讼案件的审判权。该学说不

---

① 何华辉：《比较宪法学》，武汉大学出版社 1988 年版，第 306 页。

② 孙笑侠：《司法权的本质是判断权——司法权与行政权的十大区别》，载《法学》1998 年第 8 期。

③ 王圣诵、王成儒：《中国司法制度研究》，人民出版社 2006 年版，第 33 页。

④ 陈瑞华：《司法权的性质》，载《法学研究》2000 年第 5 期。

仅提出了司法权威法院所享有的对诉讼案件审理裁判的主张，而且持这一观点的学者还从刑事诉讼的角度，具体分析了公安机关行使侦查权的行为性质和检察院行使检察权的行为性质应当属于行政权，不应当属于司法权所具有的以中立者的身份对案件争议的事实和权利义务通过调查、审理，然后给予裁判的性质。

“判断权说”与“裁判权说”具有同样重要的理论价值，它们廓清了司法权与行政权各自不同的范畴，厘清了司法权与行政权的界限。它们否定了之前理论界的多元说、三元说和二元说，对主流“法检二元说”勇敢挑战，将检察院排除在司法权主体之外，突破了我国司法权理论以往的框架，对我国司法制度改革有重要价值。有学者评论道：“按照法检二元说，司法权的主体包括法院和检察院，我国的司法制度改革应当包括法院和检察院制度的改革，但是将法院审判权与检察院检察权视为同一种性质的国家权力，在实践上严重地制约了我国的司法改革进程。”① 因此，只有在将司法权定位为法院审理裁判案件的权力基础上，才能继续那个有效的司法制度改革。

“判断权说”与“裁判权说”相比，“判断权说”侧重于司法的过程，而“裁判权说”侧重于司法的结果，这两种学说没有本质上的区别，仅有观察和分析视角上的区别。相比之下，“裁判权说”的概念和视角更加合理。

二、审判权定位

现代意义上的审判权通常是指法院所行使的对民商事、刑事、行政案件所争议的事件予以审查判断，对当事人所争议的权利义务关系，经审理后予以裁判的权能。审判权的概念范畴与司法权的概念范畴相比较，其内涵与外延比较明确。其权力主体为法院，不像

① 参见胡夏冰：《司法权：性质与构成的分析》，人民法院出版社 2003 年版，第 189~190 页；陈瑞华：《司法权的性质》，载《法学研究》2000 年第 5 期。

司法权那样有较多分歧，司法权的概念外国学者也认为不易确定，正如英国学者詹宁斯所言：“要准确地界定‘司法权’是什么从来都不十分容易。”①

但相比之下，司法权的概念范畴在西方国家比在我国容易界定。在西方国家，许多情况下司法权即指法院所享有的司法裁判权，其司法权由法院行使。在有些国家，如德国与法国，因法律解释权和违宪审查权不属于法院，属于性质为行政机关的组织或宪法法院，所以其司法权不仅仅指法院对民事和刑事案件的审理裁判权，还包括法院以外的国家机构行使的法律解释权和违宪审查权两部分司法权。在我国则产生了“泛司法权说”“公检法三元说”“法检二元说”和“法院一元说”等不同学说。

审判权在法制史上的概念有两种不同指向，一种是非国家专门机构对纠纷的裁决，如人类社会初期的神明裁判制度，封建社会的氏族审判制度、长老审判制度、家族审判制度等。另一种是指我们现代意义上的国家专司审判职能的法院对纠纷的审理裁判。

关于审判及审判权的定位，我国学者间的理解大致相同，通说认为属于法院的职权。

但也有少数学者错误地认为，在我国，审判不仅包括法院对案件的审理裁判，还包括法院对其作出的裁判的执行。“在我国，审判不特指初审法院的民事或刑事案件诉讼程序和判决，而是指人民法院的审理、判决和民事执行等有关行使国家审判权的所有活动。”“不仅如此，审判还在广义上包括了民事强制执行。虽然审判是诉讼程序的中心阶段，但是，我国法院还拥有民事执行职能，法院在组织强制执行阶段，还在一定程度上审查已经生效的执行文书，民事诉讼法对此有相当的章节予以规定，具有相当的审

① ［英］詹宁斯：《法与宪法》，龚祥瑞译，生活·读书·新知三联书店 1997 年版，第 165 页。

判性。”①

这种错误认识源于该学者对我国民事诉讼法的错误解读。笔者认为，不能因为我国民事诉讼法中包括了强制执行法，就误认为审判在我国既包括法院对诉讼案件的审理裁判，又包括法院对其所作出的裁判的执行。民事诉讼法与强制执行法是两部不同性质的部门法律，虽然两者在诉讼案件法律进程中是先后顺序的关系，但关系密切。从世界上比较法的横向角度，从强制执行法逐步从民事诉讼法中分离出来分立的比较法纵向角度来看，强制执行法已经从民事诉讼法中分离出来，单独立法者日众。目前，像我国这样强制执行法尚未从民事诉讼法中分离，强制执行法尚未单独立法的国家已经很少。而且，我国法学界和司法界就强制执行法单独立法已经做了很大的努力，强制执行法单独立法已是大势所趋，法学界和司法界潜心研究后提出的强制执行法专家建议稿早已问世、出版。审判权与执行权是两个不同性质的权力，尽管我国法学界对执行权性质的认识有分歧，有几种不同的观点，但鲜有人将执行权视为审判权的内容，鲜有人主张审判包括了执行。

“我国法院还拥有民事执行职能，法院在组织强制执行阶段，还在一定程度上审查已经生效的执行文书。”② 产生这种错误认识有一定缘由，根据最高人民法院三十年前的司法解释，我国执行法官还行使着审查作为执行根据的生效法律文书的权力。这种权力在1992年最高人民法院《关于适用〈中华人民共和国民事诉讼法〉的若干问题的意见》（以下简称《民诉适用意见》）中已经被取消，之后的二十年多来最高人民法院又制定了一系列关于强制执行的司法解释，特别是2007年和2012年民事诉讼法两次修订都涉及强制执行部分。执行人员可以行使执行根据监督权的司法解释与意

---

① 王圣诵、王成儒：《中国司法制度研究》，人民出版社2006年版，第430页、第431页。

② 王圣诵、王成儒：《中国司法制度研究》，人民出版社2006年版，第431页。

识已经荡然无存。

另外，这种观点还断言："民事诉讼法对此有相当的章节予以规定，具有相当的审判性质"①，这更为错误。首先，强制执行法规范在我国民事诉讼法中条文稀少，在2007年民事诉讼法修订之前，民事诉讼法中仅有16条强制执行的条文，故1992年《民诉适用意见》中用50个条文以司法解释的方式补充立法的严重不足，哪里有"相当的章节予以规定"和"相当的审判性质"？其次，无论是修订前的《民事诉讼法》，还是修订后的《民事诉讼法》，都没有规定执行法官有权在"一定程度上审查已经生效的执行文书"的权力。最高人民法院制定的《民诉适用意见》中仅规定执行"执行员在执行本院的判决、裁定和调解书时，发现确有错误的，应当提出书面意见，报请院长审查处理。在执行上级人民法院的判决、裁定和调解书时，发现确有错误的，可提出书面意见，经院长批准，函请上级人民法院审查处理"。而且这条规定在1998年最高人民法院《关于人民法院执行工作若干问题的规定（试行）》（以下简称《执行规定》）中被取消，以"案外人异议制度"取而代之。该《执行规定》第133条虽然规定："上级法院在监督、指导、协调下级法院执行案件中，发现据以执行的生效法律文书确有错误的，应当书面通知下级法院暂缓执行，并按照审判监督程序处理。"但并非行使"审查已生效法律文书"的权力。

在此澄清上述错误认识很有必要，否则容易发生执行权与审判权界域混乱的问题。

三、审判权与司法权的关系

在西方国家，简言之，通常司法权即为审判权。司法权是由法院或者法院与法官行使的职权，审判权是由法院行使的职权。西方国家司法权与审判权通常为同一概念，司法权与审判权为同一主

---

① 王圣诵、王成儒：《中国司法制度研究》，人民出版社2006年版，第431页。

体。仅有少数国家的司法权主体范围不限于法院，如前所述。然而进一步研究会发现问题并不简单，因司法权除了由法院传统上享有之外，还有行政机关实质上也部分地享有司法权，即西方许多国家司法权的边缘比较模糊。有学者这样评价国外的现状："在现实的法律秩序中，法院以外的其他机关行使司法职能的形象大量存在，这些非司法机关必须对不法行为进行确认，同时按照法律的规定作出相应的制裁。尤其是税务机关和警察机关，它们履行的职能实际上具有司法或准司法（quasi-judicial）的性质。当社会情势的发展要求行政机关更广泛地介入和干预社会经济和文化生活时，行政机关行使与行政职能有机联系的司法职能的倾向也就兴起。"①

因此，严格而论，审判权的范畴与司法权的范畴应当有所区别，审判权是法院及法院法官所行使的权力，而司法权除了法院及法院法官所行使之外，还有国家其他一些机关部分地行使。

我国不实行三权分立的政治体制，在人民代表大会政权体制下，法律规定所体现出的司法权的主体为法院和检察院，虽然《宪法》没有这样明确规定，但是根据《宪法》解释系如此，所以司法权概念以"法检二元说"为主流，特别是"法检二元说"为官方所认可并使用。但是又在很多情况下，司法权概念包括公检法司的"泛司法权说"。例如，中共十八届四中全会《中共中央关于全面推进依法治国若干重大问题的决定》中"四、保证司法公正，提高司法公信力"中"司法权"的概念就包括法院的审判权、检察院的检察权、公安机关的侦查权和司法行政机关的执行权。"法院一元说"尚停留在理论讨论的层面上，虽然支持者日众。

与西方国家不同，审判权在我国的法律规范中是与司法权不同的概念，司法权的范畴大于审判权；按照主流观点，司法权的主体范畴大于审判权的主体范畴；司法制度范畴大于审判制度范畴。审

---

① 胡夏冰：《司法权：性质与构成的分析》，人民法院出版社 2003 年版，第 205～206 页。

判权在我国是指由法院行使的对诉讼案件审理裁判的权能，包括事实认定、证据调查、适用法律予以裁判等权能。审判权是我国《宪法》所明确规定的权能，与司法权未予明确规定不同。我国《宪法》第128条规定："中华人民共和国人民法院是国家的审判机关"；第131条规定："人民法院依照法律规定独立行使审判权，不受行政机关、社会团体和个人的干涉。"并且第132条第1款规定："最高人民法院是最高审判机关"。另外，《人民法院组织法》第2条进一步具体规定："中华人民共和国的审判权由下列人民法院行使：（一）地方各级人民法院；（二）军事法院等专门人民法院；（三）最高人民法院。"

四、执行权是法院司法权的下位权能及审判权的衍生权能

如前所述，笔者主张"司法权一元说"，即司法权是法院行使的权力，审判权是法院审理裁判诉讼案件和非讼案件的权能，司法权的范畴大于审判权的范畴。因为在我国，民事强制执行权完全由法院行使，执行权与审判权是各自独立的、不同的权能，故执行权是法院司法权的下位权能。

根据我国民事诉讼法的规定，执行权与审判权是法院行使的两项性质不同的权能，但是，毋庸置疑，执行权与审判权具有密切联系。若仅有国家公权力审判，没有公权力强制执行，那么审判的结果难以真正实现。审判的权威以公权力强制实现为后盾，故而执行权是审判权的衍生权能。

在执行权由法院行使的我国，执行权是审判权衍生职能的特征很明显，而在执行实施权由法院之外的行政机关行使的国家，其衍生性则似乎不明显。但是，笔者认为后者同样也具有衍生性特征，因为强制执行法院生效判决、仲裁机构裁决、公证机关赋予执行效力的公证债权文书，以及法律规定的行政机关作出的裁决或决定，在义务人拒不履行义务的情况下，由国家公权机关强制执行是审判权的必要保障，此乃其一。其二，在实施过程中还可能发生一些法

律程序性事项，需由法院行使裁决权处理，这种权能无法脱离法院的专业裁判。其三，从司法判决执行的自力救济到公力救济演变的历史来看，胜诉的债权人通过官署，主要是法庭扣押和执行债务人的财产，体现了执行权是审判权的衍生职能。

本章小结 执行权与审判权是两项性质、目的不同的权能，在法律规定执行权由法院行使的国家和地区，这两项权力也分界行使。虽然执行权中包括对程序事项异议、请求的裁决权，但是与审判权也根本不同。司法权在我国有各种不同的含义，不论哪种，司法权的主体必然包括法院。执行权是法院司法权属下的职权，又是审判权衍生的权能。

第二章 “审执分离”与执行救济之两权界限立法演进

第一节 “审执分离”与两权界域价值

“审执分离”有两种不同的含义，一种是形式的、外化的“审执分离”，另一种是实质的、内生的“审执分离”。实质的、内生的“审执分离”是指解决执行程序中发生的异议、争议时，行使执行权还是行使审判权的界限问题，即两权界限或界域问题。

一、“审执分离”之两重含义

在论及“审执分离”时，应当注意其有两种不同的含义：第一种含义，是指针对我国人民法院三十多年以前同一法官既负责审判又负责执行，既行使审判权又行使执行权的状况而提出的改革方案，各级人民法院设立执行庭，由执行人员专司民事强制执行权能。这种意义上的审执分离已经完全实现。第二种含义，是指对执行程序中发生的异议、争议，应当由执行人员行使裁判权解决，而不论异议、争议是实体性还是程序性都应当区分异议、争议的性质，异议、争议属于实体性者，通过法律设计诉讼救济途径，由当事人提起诉讼解决，异议、争议属于程序性者，通过程序性救济途径由执行机构或者执行法官处理。

另外，就我国人民法院“审执分离”的改革角度而言，可以分为两个不同阶段：第一阶段是各级人民法院设置专门执行机构；第二阶段是处理执行程序中发生的异议、争议时，区分行使审判权还是行使执行权的界限，实现审判权与执行权两种权能的分离。即通过修订、完善我国《民事诉讼法》及其司法解释，设置执行程序中的诉讼救济制度。例如，2007 年修订的《民事诉讼法》设置了“案外人异议之诉”，2008 年最高人民法院发布实施的《执行程序解释》确定了申请执行人异议之诉与参与分配债权人的执行分配方案异议之诉。

二、形式的、外化的“审执分离”

在我国，第一阶段的审执分离是针对 20 世纪 80 年代，“文革”结束后，法院审判与执行职能“审执合一”状态的改革，即民事案件的审判与执行由同一法官或审判庭负责，法官一身二任，既是审判员又是执行员。虽然 1982 年颁布实施的《中华人民共和国民事诉讼法（试行）》（以下简称《民诉法（试行）》）中规定，案件审结后由执行员执行，但是许多法院还习惯“审执合一”。后来，随着强制执行法学研究的进步，法律意识增强，法律观念变化，最高人民法院展开了“审执分离”的改革。1991 年颁布实施的《民事诉讼法》正式确定了法院内设立专门的执行机构的规定，该法第 209 条规定：“执行工作由执行员进行。采取强制执行措施时，执行员应当出示证件。执行完毕后，应当将执行情况制作笔录，由在场的有关人员签名或者盖章。基层人民法院、中级人民法院根据需要，可以设立执行机构。执行机构的职责由最高人民法院规定。”之后，各地各级人民法院逐步设置了执行处、执行庭、执行局、执行办。

其实，“审执分离”与“审执合一”自中华人民共和国成立以后，经历了几番往复。中华人民共和国成立初期曾经实行审执分离，“文化大革命”结束后实行审执合一，再到改革开放后实行审执分离改革，“合”或“分”历经三个阶段：

1. 审执分离初建。1953 年，最高人民法院华北分院《关于各级人民法院执行判决的指示》中规定：“各级人民法院，特别是初审法院，应该指定专人负责执行工作。”[①] 次年，《人民法院组织法》也规定由执行员负责民事执行工作。

2. 审执合一倒退。1957 年，随着政治运动和政治斗争的大面积推进，我国法制建设及法院司法逐渐边缘化甚至停滞，在案件数量剧减，且执行需求不断下降，法院司法非正常化的情况下，审执分离被废止，被由审判员兼任执行员的审执合一模式取代。

3. 审执分离改革。改革开放以后，随着经济社会的全面发展，民商事诉讼案件和执行案件日益增长，审判员既审判又执行一身二任的弊端突出，在这种情况下，1979 年《人民法院组织法》重新规定在法院内单独设立执行员。《民诉法（试行）》中又规定执行员负责执行工作，但是并未规定法院内设置专门执行机构专司执行职能。1991 年颁布实施的《民事诉讼法》规定了以执行庭代替执行员负责执行工作，标志着我国立法的进步和审执分离的变革。

这种审执分离已经实现，其分离的理论基础与价值选择明确且无争议，也符合各国立法例与法律实践。

三、实质的、内生的“审执分离”

实质的、内生的“审执分离”与形式的、外化的“审执分离”不同，这是关于对发生在民事强制执行程序中的异议、争议应当由谁处理的问题，即应当归属执行权能处理还是审判权能处理的问题，亦即执行权能是否包括处理执行程序中发生的实体性争议问题的权能。在 2007 年我国民事诉讼法修订之前，执行程序中发生的异议、争议，不论是程序性异议，还是实体性争议，均由执行机构裁断、处理，这种立法及司法状态即是实质“审执不分”的体现。不过，这种意义上的审执不分与前述那种意义上的审执不分的外在表现不同，那种是外化的审执不分，这种是内生的审执不分。外化

① 参见法律快车网：http://www.lawtime.cn/info/sifakaoshi/sikaofagui/2011050429447.html，2015 年 11 月 3 日访问。

的审执不分体现为审判权主体与执行权主体为同一机构，未设置各自的机构。内生的审执不分体现为裁判实体性纠纷的主体混同，在执行救济路径设置上未考虑诉讼性救济，执行权能主体同时行使了审判权能。

前者可以称为显性的审执不分，后者可以称为隐性的审执不分。

实质的、内生的“审执分离”改革始于2000年前后，以实现执行程序救济中的审判权与执行权的分离为目的。由于学界越来越清楚地认识到审判权与执行权虽然都是由人民法院行使，但却是两项性质根本不同的权能，对于执行程序中发生的异议、实体权利义务争议，虽然都是执行工作出现的问题，但是对实体性权利义务争议不应当由执行法官或执行员裁定处理，应当给当事人或有关利害关系人提起诉讼的权利，暂停争议标的物或其他财产权的执行，由审判庭作出判决后再论。

部分专家学者对执行权性质、执行救济等一系列问题展开深入研究，专著、论文纷纷问世，为我国执行救济法律规范的制定、民事诉讼法的两次修订、一系列的司法解释奠定了必要的理论基础。故1998年《执行规定》确定了申请执行人的代位诉讼救济，2007年我国《民事诉讼法》修订，第一次设立了执行的诉讼救济机制——案外人异议之诉，2008年最高人民法院根据修订的《民事诉讼法》作出的《执行程序解释》明确了申请执行人执行异议之诉和参与分配方案异议之诉。2012年《民事诉讼法》修订，又增加了灭失的执行标的物赔偿之诉。

四、执行权与审判权界域之价值

执行权与审判权之界域问题是指这种实质的、内生的“审执分离”，这种分离在我国民事诉讼法两次修订中以及新的司法解释中体现得日益清晰，但是仍存在界域不清之地。执行权、审判权各自的性质、特征、职能不同，应当分别行使，即使在我国这种执行权由法院行使的立法体制下，也应当分别行使。首先，可以提高工作效率。两权分别行使，分别由专业审判法官和专业法官与执行员行使，有利于提高工作效率显而易见。因为审判与执行虽然有不可分割的联系，但是毕竟各自的专业性不同，两者的法律规范、工作路径、职权范畴等不同，由同一权力主体行使职权，在社会分工日益精细的状况下显然不可取。其次，执行权与审判权由不同主体分别行使是各国通例，事实证明，两权分别行使符合科学理念与法学内在规律。

第二节　我国执行救济规范两权分离演进及其评价

一、1982 年《民事诉讼法（试行）》中的规定及其评价

在中华人民共和国第一部民事诉讼法中，即 1982 年颁布实施的《民诉法（试行）》，执行程序所有的 24 个条文，仅有 1 条关于对案外人执行救济的规定，该法第 162 条规定："执行过程中，案外人对执行标的提出异议的，执行员应当进行审查。无理由的，予以驳回；有理由的，报院长批准中止执行，由合议庭审查或者审判委员会讨论决定。"设置这条规定的目的，是保护法院实施执行行为时可能侵害的案外人的合法权益，案外人的这种权益是民事实体权，而非程序权。因为案外人非执行当事人，强制执行案件本与其无关，其不享有任何执行当事人的程序性权利。当法院执行行为不当或违法时，所可能涉及的权利只能是实体性权益，如被执行财产非执行债务人（被执行人）的财产，案外人主张自己为财产权利人，要求法院排除对该财产的执行。

然而，法院执行人员非审判员（当时还未称呼"法官"），却有权对案外人的实体权益主张审查处理，无理者驳回其主张，有理者由合议庭或审委会作出决定，撤销其所主张的被执行财产上的执行行为。由此可见，当时的立法比较简单，也未明确法院驳回案外

人异议应当使用裁定还是决定。当时的法学理论比较简单，强制执行法学理论更为简单，多数人尚未明确意识到审判员与执行员司法权能不同，凡涉及实体权益争议的都应当给当事人辩论的机会和权利，应当由审判员行使审判权审理后裁判。所以，规定执行程序案外人的实体权益异议就由执行员、执行合议庭行使程序上的判断权予以处理。

1984 年最高人民法院《关于贯彻执行〈民事诉讼法（试行）〉若干问题的意见》（以下简称《民诉法（试行）意见》）中没有关于执行救济的解释，这意味着当时执行救济问题尚不突出，实践中出现的问题尚未引起理论界的注意，更意味着司法实务界在观念上及理论上没有醒悟，同时也反映出我国强制执行法学尚处于对立法条文文义解释和立法宗旨解释的层面上，执行法学薄弱，基本没有执行救济的理念，理论界对执行救济缺乏研究。

二、1991 年《民事诉讼法》中的规定及其评价

1991 年颁布实施的《民事诉讼法》“执行程序”编中在保留对案外人执行救济规定的基础上，似乎增加了执行员的审判监督职能。《民事诉讼法》第 208 条规定：“执行过程中，案外人对执行标的提出异议的，执行员应当按照法定程序进行审查。理由不成立的，予以驳回；理由成立的，由院长批准中止执行。如果发现判决、裁定有错误，按照审判监督程序处理。”这条规定与 1982 年的《民诉法（试行）》的条文相比，取消了“由合议庭审查或者审判委员会讨论决定”的程序，增加了“如果发现判决、裁定有错误，按照审判监督程序处理”的规定，似乎赋予了执行员审判监督的职权。条文中的这句话语义模糊，从字面意思可以理解为执行员具有启动审判监督程序的职能，但是从审判实务的操作来看，执行员认为判决、裁定有错误时，可以停止执行，提议审判监督部门启动审判监督程序。这种立法显示出审判权与执行权界限模糊，执行权

与监督权界限不清。从这条规定来看，执行员享有一点审判监督权。实务中，不少执行员确实如此行使职权。从现在的观念来看，这种规定引发了执行人员权能上的混乱，因为根据诉讼法理，执行人员既不享有审判权，也不享有审判监督权。

执行人员权能混乱在1984年《民诉法（试行）意见》中体现得最为明显，该意见第64条规定："执行员在执行本院的判决、裁定和调解协议时，发现确有错误的，应当提出书面意见，报请院长审查处理。在执行上级人民法院或外地人民法院委托执行的判决、裁定和调解协议时，发现确有错误的，可提出书面意见，经院长批准，函请上级人民法院或外地人民法院审查处理。在此期间，暂缓执行。"从这条规定来看，执行员与执行法院享有审判监督权，因此，过去一审法院执行终审判决时，就会因"发现"一审判决有误，而根据这条规定决定暂缓执行。在此种情形下，申请执行人如何获得救济，没有规定途径，申诉、信访不得不成为求救途径。当时，民事诉讼法中的申诉还未改称为申请再审，申诉似乎是符合程序法的规定，但申请执行人是胜诉方，对法院作出的生效判决没有不服意见，因执行被暂缓而去申诉，是一条民诉法中的无名途径，可见这条司法解释造成了不应有的混乱，这是其一。其二，执行员行使监督权师出无名，更与执行权的性质相冲突。

三、1998年最高人民法院《执行规定》中的规定及其评价

1998年最高人民法院制定实施的《执行规定》与以往相比较，大大完善了执行程序案外人的救济规范，这部全文共137条的执行司法解释，用6个条文对当时的民诉法第208条具体解释规定了：案外人的执行异议权；异议原则上应当采用书面形式，并要求提供证据；执行法院根据当时的《民事诉讼法》第208条的规定予以审查；审查期间可以采取保全措施，但暂停执行行为，即案外人提出的执行异议具有暂停执行行为的法律效力；案外人的异议经执行审查，理由不成立的，裁定驳回；异议的执行标的物非依执行根据

确定的，经审查，异议成立的，报院长批准，停止执行。裁定解除或撤销已经实施的执行措施，并向案外人返还已执行标的物；异议的执行标的物是执行根据所确定的，案外人异议成立的，报院长批准，裁定中止执行；对债务人异议暂时无法确定是否有理的，若案外人提供有效担保的，可以解除查封、扣押措施；若申请执行人提供了有效担保的，可以继续执行等。

上述司法解释规定大大丰富了当时的民诉法第 208 条的内容：第一，比较充分地保障了执行行为可能涉及的案外人的权益。第二，首次明确规定法院应当以裁定的形式驳回理由不成立的案外人异议；以裁定的形式，对执行根据有错误的，案外人异议理由成立的，中止执行；以裁定的形式对与执行根据无关，但是执行标的执行错误，案外人主张权益理由成立的，解除或撤销执行行为，并执行回转。第三，案外人提出异议后提供担保的，法院可以解除查封、保全措施。申请执行人提供担保的，可以在对异议作出裁定前继续执行。

但是，以现在的理念评价，这些解释性规定还存在重大的缺陷：

第一，没有意识到案外人异议的权益性质上属于实体性权利，没有考虑当申请执行人与被申请执行人和案外人有争议时，对这种实体性权利争议，由执行人员裁定处理是否妥当？执行人员是否可以同时享有对实体问题的裁判权。

第二，从表面上看，似乎没有考虑执行权与审判权是否应当有界域这个问题。对执行权的性质问题尚未引起足够的注意、深入研究及广泛讨论，对审判权与执行权各自功能、界域问题尚未关注。

此问题，当时在理论界尚未引起多数人的注意。只有少数专家学者提出不同见解：“关于执行机构的审查是初步审查还是终局审查，这也是一个令人困惑的问题。有一种理解，即认为执行机构依法审查并不是最终定论……只是进行表面审查……有理由即应中止执行。是否真的有理由，应通过审判程序来确定，待审判的结果再决定是否最终进行执行……”[①] 这是来自最高人民法院专家学者的观点，说明在研究制定《执行规定》时，关于对审判权和执行权的行使范围应当划分界限的问题已经提出，只是未被采纳。

此外，该《执行规定》第61条规定了对第三人到期债权执行的措施。但是，为了保护此第三人利益，即次债务人利益不受侵害，该规定第63条为之设置了执行异议救济权利。然而，从规定来看，“第三人在履行通知指定的期间内提出异议的，人民法院不得对第三人强制执行，对提出的异议不进行审查”。[②] 所谓不进行审查，是指不进行实质审查。然而，尽管如此，这条规定对滥用权利者也并无实际意义。而且，我国《民事诉讼法》对当事人滥用权利没有实质性的规制条款，与有些国家不同。因此，这项执行措施会因为该当事人提出异议而不产生实际效力。在实务中，申请执行人可以根据《合同法》的规定提起代位诉讼，但是，代位诉讼并未设置在民事执行救济法律规范中。

四、2007年修订后的《民事诉讼法》中的规定及其评价

2007年修订《民事诉讼法》时，强制执行部分作为重点之一，对执行救济有突破性的变革。当时的第202条（现第225条）新增加规定了当事人、利害关系人程序性的异议及执行复议制度，“当事人、利害关系人认为执行行为违反法律规定的，可以向负责执行的人民法院提出书面异议，当事人、利害关系人提出书面异议的，人民法院应当自收到书面异议之日起十五日内审查，理由成立的，裁定撤销或者改正；理由不成立的，裁定驳回。当事人、利害关系人对裁定不服的，可以自裁定送达之日起十日内向上一级人民法院申请复议。”当时的第204条（现第227条）规定了案外人异

① 黄金龙：《关于人民法院执行工作若干问题的规定》，中国法制出版社2000年版，第219~220页。

② 最高人民法院《关于人民法院执行工作若干问题的规定（试行）》第63条。

议及异议之诉救济制度，“执行过程中，案外人对执行标的提出书面异议的，人民法院应当自收到书面异议之日起十五日内审查，理由成立的，裁定中止对该标的的执行；理由不成立的，裁定驳回。案外人、当事人对裁定不服，认为原判决、裁定错误的，依照审判监督程序办理；与原判决、裁定无关的，可以自裁定送达之日起十五日内向人民法院提起诉讼。”就执行救济而言，此次修法有三点创新性的发展：

第一，第一次从立法的角度，将执行救济分为程序性的救济与实体性的救济。程序性的救济体现为执行异议、执行复议，实体性的救济体现为执行异议之诉，但是也包括案外人在提起异议之诉前的异议。

第二，扩大了执行救济主体范围，将执行救济适用主体从仅有案外人一种扩大至案外人、执行当事人两种。

第三，对执行救济制度的设计既有借鉴又有创新。我国民诉法的修订，丰富了执行救济制度，理论上吸收了我国台湾地区以及德国、日本等国强制执行法学理论，借鉴了它们的相关经验，并在其基础上有所创新。在借鉴案外人异议之诉制度的同时，没有拘泥于我国台湾地区和日本、德国等国家的相关经验，而在案外人提起执行异议之诉时，允许案外人先提出异议，当其异议被驳回时，方允许其提起异议之诉。

未将制度设计为案外人救济途径仅限于起诉，而是先赋予其类似程序异议之权利，当法院认为其异议成立时，法院裁定撤销或改正；当法院认为其异议不成立时，裁定驳回。此种情况下案外人方可起诉。这种设计优于仅有诉讼救济权之设计，因为诉讼可能会从一审至二审，时间耗费长，当事人投入的诉讼成本高昂。对此，参与立法者有如下说明：如何设计我国民事诉讼法中的案外人异议救济制度，修法中提出了四种不同的主张：一是主张案外人对执行标的有异议的，直接起诉；二是分两步进行，对案外人异议，先由审查处理，不服者可以起诉；三是根据请求权之不同，采取不同的处理方式，基于所有权异议的，可以起诉，基于其他权利异议的，由执行机构处理；四是案外人提出异议，由执行机构征求债权人意见，债权人同意的，法院撤销对异议标的的执行，债权人不同意的，案外人提起诉讼。第二种观点中又有两种不同的意见，第一种意见是设置执行机构先行处理的前置程序，不成时，再由案外人起诉；第二种意见是设置这两种程序，由案外人选择适用。立法选择了第二种观点中的第一种意见。因为“执行救济制度的设计，一方面要考虑为当事人、利害关系人提供充分的救济途径；另一方面也要兼顾执行程序本身的效率和效益，尽量防止因程序设计过于复杂，影响执行效率，扩大执行成本。实践中，案外人提出异议的情形多种多样，繁简不一，而诉讼程序相对复杂，对案外人异议一律通过诉讼程序处理，在效率上可能会受到一定影响，也难以防止被案外人恶意利用，拖延执行。而执行机构的审查程序相对简单，将执行机构的审查作为诉讼前置程序，可以先行解决一部分案外人异议问题，有利于减少当事人讼累，节约司法资源，提高诉讼效率”。[①] 因此，在几种修订方案中采纳了这种方案。

但是，学术界多有相反观点认为这种先持行使程序性异议权，异议被驳回后方可提起案外人异议之诉存在程序设计烦琐、效率低下、徒增当事人讼累等弊端。“……以执行异议作为前置必备之规定，其最终的结果可能不是案外人提起异议和自诉就是债权人提起‘对执行标的（物）提起许可执行之诉’，故与直接赋予案外人提起异议之诉相比较而言，无疑是增加了一个程序，反而不利于节约司法资源，提高执行效率，而只能徒增当事人之讼累，使问题复杂化，更不利于纠纷的一次性解决。”[②] “将执行机构的审查作为诉讼的前置程序，不仅不利于对案外人、当事人合法权益的保护，而且

① 王飞鸿、赵晋山：《民事诉讼法执行编修改的理解与适用》，载《人民司法》2008 年第 1 期。

② 陈娴灵：《许可执行之诉：强制执行程序中当事人适格之救济》，载《法学评论》2010 年第 6 期。

未必就能提高执行效率。”[①]“前置程序的设立影响执行效率和审执分离”，“前置程序的设置损害了债权人的权益，增加了债权人实现债权的成本”。[②]

笔者认为这种立法选择很适当，理由有三：

第一，有利于提高争议解决效率，有利于降低当事人提出异议的法律程序成本。在借鉴国外立法例和立法经验时有变革，其效率性优势显而易见。至于理论上的障碍，笔者认为有自圆其说之道，可以这样解释其中的法理，案外人向执行机构提出实体性权利异议时，执行机构行使裁决权，这种裁决权非终局性权力，因为当事人不服的，可以提起诉讼，争议最终司法解决，因此仍然是由法院行使审判权处理案外人提出的执行标的上的实体性争议。

第二，我国司法实践证明，这种先异议后诉讼的程序设置效果很好，经过先异议的程序，确实解决和过滤了一些争议，总体而言比直接进入诉讼程序效率高、成本低。反对者的理由中显然没有考察执行实务情况，也没有认真考虑案外人的异议成本。

若突破教义法学（“规范法学”“法解释学”）[③]的思维框架，从实证法学来看，这种设置虽然与德国、日本及我国台湾地区不同，理论上也有障碍，但却获得了实践的检验与认可，可见其具有合理性。

第三，在我国台湾地区“强制执行法”中也有这种先程序异议后实体诉讼的规定。在其第5节“对于其他财产权之执行”部分第119条第一款、第二款、第三款规定：“第三人不承认债务人之债权或其他财产权之存在，或于数额有争议或有其他得对抗债务人请求之事由时，应于接受执行法院命令后十日内，提出书状，向执行法院声明异议。”“第三人不于前项期间内声明异议，亦未依

---

① 刘学在、朱建敏：《案外人异议制度的废弃与执行异议之诉的构建——兼评修改后的〈民事诉讼法〉第204条》，载《法学评论》2008年第6期。

② 赵会信：《论民事执行异议之诉》，载《政府论丛》2009年第3期。

③ 陈瑞华：《这是理论创新最好的时代》，载微信“中国法学杂志社”公众号。

执行法院命令，将金钱支付债权人，或将金钱、动产或不动产支付或交付执行法院时，执行法院得因债权人之声请，径向该第三人为强制执行。”“对于前项执行，第三人得以第一项规定之事由，提起异议之诉。”①

这条关于第三人异议之诉的规定，执行债务人之债务人的执行时，这一次债务人（又称第三债权人）被称为第三人，当其对法院执行有异议时，即具有法律规定的情形之一：“第三人不承认债务人之债权或其他财产权之存在，或于数额有争议或有其他得对抗债务人请求之事由时”，不必直接提起第三人异议之诉，而是可以向法院先声明异议，以书面形式提出。法院若对其财产执行时，可以提起第三人异议之诉。

次债务人提出异议声明，若异议合法，将产生如下法律效果：第一，执行法院根据我国台湾地区“强制执行法”第 120 条第 1 款规定通知债权人，执行法院只有形式审查权，只能为程序事项审查，不可为实体审查。第二，债权人若认为次债务人异议不实时，根据我国台湾地区“强制执行法”第 120 条第 2 款规定“得于收受前项通知后十日内向管辖法院提起诉讼，并应向执行法院为起诉之证明及将诉讼告知债务人”。第三，“债权人若未于强项规定期间内为起诉之证明，撤销所发执行命令”。②

分析上述规定，我国台湾地区“强制执行法”中的次债务人异议权的行使，与我国大陆《民事诉讼法》第 227 条规定的案外人异议之诉先行程序性异议，被驳回后再行诉讼的程序设置不是很相似吗？那些反对这种立法设计的学者可能没有注意到这个问题，有点主观地一味强调程序异议与实体的主张有实质性的区别，绝对不能混为一谈，必须区别适用。而他们的理念来源也正是基于我国台湾地区及其他国家的执行法学理论。

① 林家祺：《强制执行实务教战》，翰簾图书出版有限公司 2015 年版，第 212 页。

② 林家祺：《强制执行实务教战》，翰簾图书出版有限公司 2015 年版，第 212 页。

五、2008年最高人民法院《执行程序解释》中的规定及其评价

2008年最高人民法院制定实施的《执行程序解释》，以解释的方式又进一步发展了执行救济制度。

第一，设立了申请人许可执行之诉制度，该解释第21条规定：“申请执行人依照民事诉讼法第二百零四条规定提起诉讼，请求对执行标的许可执行的，应当以案外人为被告；被执行人反对申请执行人请求的，应当以案外人和被执行人为共同被告。”①

此处的第204条即2011年我国《民事诉讼法》修订后的第227条，根据这条规定，债权人提起“许可执行之诉”应在下列前提条件下：案外人提出的异议理由成立，法院裁定中止执行；案外人异议成立与原裁判无关，即作为执行根据的生效裁判文书没问题。

然而，这种诉讼与我国台湾地区“强制执行法”上的债权人许可执行之诉不同，实质上不应当称之为债权人许可执行之诉，因为两者之适用条件、内容等不同，具体区别如下：

1. 我国台湾地区“强制执行法”中规定的债权人许可执行之诉是关于申请执行债权人是否适格之诉，解决的是该申请执行债权人是否是执行名义的债权主体，或者是否是执行名义债权人之继受人的问题。我国台湾地区“强制执行法”第14-1条第2款规定：“债权人依第四条之二规定声请强制执行经执行法院裁定驳回者，得于裁定送达后十日之不变期间内，向执行法院对债务人提起许可执行之诉。”该法第4-2条，即第4条之二规定：“执行名义为确定终局判决者，除当事人外，对于左列之人亦有效力：一、诉讼系属后为当事人之继受人及为当事人或其继受人占有请求之标的物者。二、为他人而为原告或被告者之该他人及诉讼系属后为该他人

---

① 笔者注：此处的第204条是2007年修订的《民事诉讼法》的条文序号，2011年修订后此条文序号为第227条。

之继受人，及为该他人或其继受人占有请求之标的物者。”而最高人民法院司法解释中出现的申请执行人许可执行之诉，所解决的是对执行标的是否应当作为被执行人财产予以强制执行的问题。例如，申请执行人根据法院生效判决或调解书确定的金钱给付债权，申请法院对被申请人的财产强制执行。法院查封了被执行人的财产，案外人对查封财产提出异议，主张该项财产非属被申请执行人的财产，请求法院裁定解封，排除执行。法院经审查，认为异议成立，故作出执行裁定。申请执行人不服，认为法院裁定错误，可以根据2008年修订实施的《民事诉讼法》第204条的规定提起许可执行之诉。[①] 例如，盛京银行股份有限公司资产经营中心与沈阳通力房地产开发有限责任公司许可执行之诉案。[②]

2. 我国最高人民法院司法解释中的这种许可执行之诉的客体，是债权人请求执行的标的物是否属于被申请执行人之责任财产，我国台湾地区“强制执行法”中的许可执行之诉的客体，是债权人申请执行的债务人是否为执行案件适格的主体，即执行债务人是否是执行根据所载债务人之继受人及为当事人或其继受人占有请求之标的物者，是否是“为他人而为原告或被告者之该他人及诉讼系属后为该他人之继受人，及为该他人或其继受人占有请求之标的物者”。[③]

3. 从这条司法解释来看，我国执行程序中的申请执行人许可执行之诉之提起，是因案外人提出执行异议，法院裁定中止执行所引起。并非由于申请执行人（即债权人）申请执行主体不适格被

① 2008年最高人民法院《关于适用〈中华人民共和国民事诉讼法〉执行程序若干问题的解释》第21条规定：“申请执行人依照民事诉讼法第二百零四条规定提起诉讼，请求对执行标的许可执行的，应当以案外人为被告；被执行人反对申请执行人请求的，应当以案外人和被执行人为共同被告。”

② 《盛京银行股份有限公司资产经营中心与沈阳通力房地产开发有限责任公司许可执行之诉一案》，辽宁省高级人民法院民事判决书（2010）辽民一终字第109号，载北大法宝网，2016年7月15日访问。

③ 我国台湾地区“强制执行法”第4-2条第2款。

法院驳回申请而引起。

但是，当初我们许多学者混淆了这种债权人许可执行之诉与我国台湾地区“强制执行法”中规定的债权人许可执行之诉，误以为就是我国台湾地区“强制执行法”中的许可执行之诉，称“这是我国第一次以规范性文件的方式明确提出和规定许可执行之诉，表明民事执行中的许可执行之诉已在我国初创设立”。[①] 很多学者是根据最高人民法院《执行程序解释》中的条文表述，认为：“结合民事诉讼法第227条和《执行程序解释》第21条、第22条之规定，案外人对执行标的提出书面异议经执行法院审查后认为理由成立并裁定中止对该标的执行的，申请执行人对裁定表示不服，可以自裁定送达之日起15日内向以案外人为被告或者以案外人和被执行人为共同被告向执行法院提起诉讼，该诉讼即为申请执行人许可执行之诉。”[②] 代表最高人民法院意见的学者解释：“许可执行之诉，依照民事诉讼法第二百零四条的规定，在法院裁定中止异议标的执行的情况下，如果申请执行人对裁定不服，也可以通过提起诉讼寻求救济。与案外人提起诉讼的目的相反，申请执行人提起诉讼旨在恢复对异议标的的执行，因此其诉讼请求为‘请求对执行标的许可执行’，为表述方便，可将该诉讼称为‘许可执行之诉’。”[③]

也有一些学者在未区别、未阐明我国最高人民法院2008年《执行程序解释》中出现的债权人“许可执行之诉”与我国台湾地区“民事执行法”中的有实质不同的情况下使用该名称。

---

① 马登科：《初创与完善：对民事许可执行之诉的解读》，载《中南民族大学学报（人文社会科学版）》2010年第5期。

② 金殿军：《试析虚假诉讼逃避执行之反制——兼论第三人撤销之诉制度的完善》，2012年第三届中国执行论坛获奖论文；丁亮华：《执行救济制度之研究——民事诉讼法第二百零四条和第二百零二条的展开》，载最高人民法院执行工作办公室：《执行工作指导》（第1辑），人民法院出版社2011年版。

③ 俞灵雨、赵晋山：《对执行程序中若干法律问题的理解》，载《人民司法·应用》2010年第5期。

另外，由于司法解释用语的问题，即适用了与我国台湾地区“强制执行法”性质完全不同的“许可执行”诉讼称谓，尽管确定两者有实质性的区别，但还是在学理上将其称为“许可执行之诉”。①

不过，很快就有少数学者指出，我国最高人民法院《执行程序解释》中所规定的“许可执行”之诉与我国台湾地区“民事执行法”中规定的“许可执行之诉”有本质区别，阐明“在处理案外人异议问题上，德国、日本及我国台湾地区均未创设申请执行人可以提起诉讼的机制。而我国修改后的民诉法设定了诉前执行机构实体裁定程序，执行机构可能认为案外人异议理由成立而裁定中止执行。为了提供申请执行人诉讼救济途径，必须相应允许申请执行人对案外人起诉。此种诉讼，最高人民法院司法解释稿称为‘许可执行之诉’。但是，我国台湾地区是将涉及执行力扩张问题的诉讼称为‘许可执行之诉’，不排除我们将来也要创设类似的诉讼机制”。② 故建议：“因此，为了避免语义上的混用，便于海峡两岸法律文化交流，笔者建议，在案外人异议问题上，申请执行人提起的诉讼应改为‘反对案外人异议之诉’或其他更好的称谓为宜。”③

早在2011年，最高人民法院修订的《民事案件案由规定》中就不使用申请执行人许可执行之诉的名称，而是使用“申请执行人执行异议之诉”。至2014年之后，越来越多的学者、越来越多的地方法院司法政策文件中，开始改变使用申请执行人“执行异议

① 肖建国主编：《民事执行法》，中国人民大学出版社2014年版，第211页；江伟主编：《民事诉讼法学》（第3版），北京大学出版社2015年版，第475~476页；谭秋桂：《民事执行法学》（第3版），北京大学出版社2015年版，第311页；江必新主编：《强制执行法理论与实务》，中国法制出版社2014年版，第464~465页及第465页脚注。

② 黄奕新：《关于案外人异议之诉的程序设计》，2008年5月全国法院民事诉讼法（保全、执行部分）修改座谈会、研讨会论文。

③ 黄奕新：《关于案外人异议之诉的程序设计》，2008年5月全国法院民事诉讼法（保全、执行部分）修改座谈会、研讨会论文。

之诉”的名称，2015 年最高人民法院《关于适用〈中华人民共和国民事诉讼法〉的解释》（以下简称《民诉法解释》）改称“申请执行人提起异议之诉”。申请执行人“许可执行之诉”的名称正在被逐步替换，以避免与我国台湾地区债权人许可执行之诉发生认识上的混同。

尽管如此，还有学者在明确此许可执行之诉非彼许可执行之诉的前提下，继续在学理上使用许可执行之诉的名称，并指出“债权人提起的该种诉讼在理论上称为许可执行之诉，《民诉法解释》将其称为申请执行人执行异议之诉”。[①]

第二，设立了参与分配方案异议之诉，《执行程序解释》第 25 条规定：“多个债权人对同一被执行人申请执行或者对执行财产申请参与分配的，执行法院应当制作财产分配方案，并送达各债权人和被执行人。债权人或者被执行人对分配方案有异议的，应当自收到分配方案之日起十五日内向执行法院提出书面异议。”第 26 条规定：“债权人或者被执行人对分配方案提出书面异议的，执行法院应当通知未提出异议的债权人或被执行人。未提出异议的债权人、被执行人收到通知之日起十五日内未提出反对意见的，执行法院依异议人的意见对分配方案审查修正后进行分配；提出反对意见的，应当通知异议人。异议人可以自收到通知之日起十五日内，以提出反对意见的债权人、被执行人为被告，向执行法院提起诉讼；异议人逾期未提起诉讼的，执行法院依原分配方案进行分配。”

这两种执行救济之诉制度的确立，体现了我国民事强制执行法律规范的发展与完善，体现了审执分离理念在我国司法领域的进一步定位。

六、2015 年《民诉法解释》中的规定及其评价

2012 年修订的我国《民事诉讼法》未涉及执行救济的内容，

① 谭秋桂：《民事执行法学》（第 3 版），北京大学出版社 2015 年版，第 311 页。

原内容保持不变，只是改变了条文序号。但是，2015 年《民诉法解释》却进一步细化了已有的执行救济制度：

1. 将“执行异议之诉”从“执行程序”中单列出来，独立成一部分予以规定。这部分包括两种异议之诉，一是案外人执行异议之诉，二是申请执行人执行异议之诉。

2. 该司法解释吸纳了 2008 年最高人民法院《执行程序解释》中确立的申请人许可执行制度，但与之前不同的是使用了与“许可执行”完全不同的用语来表达，《民诉法解释》第 306 条中，这种诉讼被表述为“申请执行人提起异议之诉”，“申请执行人提起执行异议之诉”，不再使用“许可执行”。为什么作了如此修正？现有资料没有发现官方解释，在最高人民法院副院长沈德咏主编，“最高人民法院修改后民事诉讼法贯彻实施工作领导小组”编著的《最高人民法院民事诉讼法司法解释理解与适用》中也没有解释为何在名称上作此修改。这使人觉得最高人民法院以此方式在悄悄修正许可执行之诉的名称，以避免理论上的混乱。

然而，值得注意的是，在 2011 年最高人民法院修订后的《民事案件案由规定》中，这种诉讼被称为“申请执行人执行异议之诉”。该规定第四十三部分为执行异议之诉，具体包括三种：案外人执行异议之诉、申请执行人执行异议之诉和执行分配方案异议之诉。①

3. 2015 年最高人民法院《民诉法解释》第 464 条、第 465 条对案外人的执行救济规定作了进一步细化：第 464 条规定：“根据民事诉讼法第二百二十七条规定，案外人对执行标的提出异议的，应当在该执行标的执行程序终结前提出。”第 465 条规定：“案外人对执行标的提出的异议，经审查，按照下列情形分别处理：(一) 案外人对执行标的不享有足以排除强制执行的权益的，裁定驳回其异议；(二) 案外人对执行标的享有足以排除强制执行的权

① 参见最高人民法院 2011 年发布实施的《民事案件案由规定》。

益的，裁定中止执行。驳回案外人执行异议裁定送达案外人之日起十五日内，人民法院不得对执行标的进行处分。”此次解释准确定位了执行程序的案外人所主张权益的性质、类型——“排除强制执行的权益”。弥补了《民事诉讼法》和以往司法解释语言表达上的不足。《民事诉讼法》第227条用语为“案外人对执行标的提出异议”，这句话语义模糊，适用中难免产生不同理解而发生歧异。而“排除强制执行的权益”的用语清楚明了，定性准确。

4. 该司法解释第511条吸纳了2008年《执行程序解释》中确立的分配方案异议制度，为了准确表达参与分配的适用，对原规定进行了局部修改。[①] 第512条承袭了2008年《执行程序解释》第26条关于分配方案异议之诉的规定。

5. 完善了2008年《执行程序解释》中债权人许可执行诉讼当事人诉讼地位规范，《执行程序解释》第21条规定：“申请执行人依照民事诉讼法第二百零四条规定提起诉讼，请求对执行标的许可执行的，应当以案外人为被告；被执行人反对申请执行人请求的，应当以案外人和被执行人为共同被告。”未明确被执行人不反对申请执行人主张时，是否应当作为其他当事人或者诉讼参与人参加诉讼。2015年《民诉法解释》第308条中还增加规定“被执行人不反对申请执行人主张的，可以列被执行人为第三人”。

该解释第306条，增加规定了申请执行人提起执行异议之诉，除了应当具备民诉法第119条规定的起诉条件之外，还应当具备下列三个条件：1. 依案外人执行异议申请，人民法院裁定中止执行；2. 有明确地对执行标的继续执行的诉讼请求，且诉讼请求与原判决、裁定无关；3. 自执行异议裁定送达之日起十五日内提起。[②]

---

① 沈德咏主编：《最高人民法院民事诉讼法司法解释理解与适用（下）》，人民法院出版社2015年版，第1378~1346页。

② 参见最高人民法院《关于适用〈中华人民共和国民事诉讼法〉的解释》。

第三节　理论研究对厘清执行权与审判权界域的价值贡献

我国强制执行法学研究晚于民事诉讼法学研究，早期的研究多着眼于执行权性质这种宏观问题，这方面的专著与学术论文居多。后来，执行难、执行乱问题严峻，推动了执行法学的快速发展，促进了执行法学具体问题、微观问题的研究和进步，如近十年来关于执行权与审判权关系的研究进展迅速，并且两次修法和近十年来最高人民法院的司法解释，在区分执行权与审判权的问题上成果显著。由此可见，执行难、执行乱一方面是坏事，另一方面又是好事，推动、促进了执行法学的研究和发展。如同不断出现的社会矛盾，既是社会提出的难题，又是推动社会发展进步的动力。

一、执行权性质理论为执行救济研究奠定了基础

21世纪初期，我国法学界对执行权性质的研究很热门，专著与学术论文不断问世，研究水平在学者们呕心沥血的工作中不断提高，学术研究的广度与深度不断扩展。

执行权性质问题研究的起因与意义。随着我国社会变革的发展，经济领域日益活跃，经济增长速度加快，法律对社会生活和经济生活的调整、规范越来越重要。与此同时，我国法制建设也在加快节奏进行，以适应日益发展的社会需求。因此，民商事权利义务争议越来越多，社会对法律解决纠纷的需求日盛，诉讼外纠纷解决能力衰弱，诉诸法院的案件连年增长。故生效的判决、仲裁裁决等申请法院执行的案件也在持续上升。然而，已有的执行法律规范作用有限，以致“执行难”成为全社会所目睹和关注的问题。法院实施强制执行措施时不断遇到新问题、新障碍，进而“执行乱”成了亟待解决的问题。有法官专家学者根据我国司法实务状况指出，“执行难现象产生与存在的原因复杂，它与经济发展水平、法

制建设程度、社会文明状况、公民法律意识等密切相关；又与执行力量和装备不足、执行队伍素质不高等诸方面因素相联系；民事执行理论研究薄弱，民事执行制度尚存缺陷，民事强制执行立法滞后等也是其重要原因”。[①] 进而指出：“以法学理论为指导，在总结民事执行实践经验的基础上，探究民事执行工作的特点和规律，构建科学的民事执行理论体系，尤其是构建作为该理论体系基石问题的民事执行权理论，对于制定民事强制执行法，实现民事执行制度的创新，推进民事执行改革，从根本上解决执行难问题都具有重大的理论与现实意义。”[②]

我国人民法院的执行改革从20世纪90年代开始，从审执分离着手，而后进入执行方式改革等方面的改革。2000年11月最高人民法院召开的全国法院执行工作座谈会提出了执行工作应在体制、机构、机制、方式四个方面进行全方位改革的司法政策，成为我国法学界强制执行法研究的助推器。

二、执行救济理论为执行中的异议之诉奠定了基础

我国法学界早期的执行法学中执行理论非常简单，视野局限于民事诉讼法的规定和最高人民法院的一些司法解释性文件，20世纪90年代的专著对执行救济的研究仅限于民事诉讼法中规定的执行异议和执行回转。我国强制执行法学较早的专著以常怡教授主编的《强制执行理论与实践》为代表，执行救济就局限于当时实施的1982年《民事诉讼法》规定的案外人执行异议和执行回转两个问题上。[③] 该书此部分的作者可参考的外国法文献仅有《德意志联邦共和国民事诉讼法》。作者虽然提出“案外人提出执行异议后的诉讼地位”问题，但是也发出疑问：“案外人提出执行异议后，到

① 童兆洪：《民事执行权研究》，法律出版社2004年版，“前言”第3页。
② 童兆洪：《民事执行权研究》，法律出版社2004年版，“前言”第3页。
③ 常怡主编：《强制执行理论与实务》，重庆出版社1990年版，第194~203页。

底处于一种什么样的诉讼地位，国内理论界还未进行深入的讨论，司法实践中对此问题的处理仍然是遵从惯例。”① 但却是将这个问题放在执行根据有错误，案件需要再审的情况下研究的，以现在的学术条件来看其视野非常有限，在当时来看却有超前意识。

2000年之后，强制执行法学研究进步飞快，著作与学术论文大量问世，关于执行救济理论的视野拓展深入，开始全面引进我国台湾地区及德国、日本等国的执行法学理论，引入执行救济理论，② 研究达到前所未有的深度与广度。

关于执行救济，我国法学界过去的视野仅限于我国民事诉讼法强制执行编本身的规定，普遍没有意识到应当是研究其是属于程序问题还是实体问题，正如有学者在文章中所表述的：我国的执行救济制度相当不完善，现行有关执行救济制度的规定，散见于民事诉讼法和有关司法解释中，并未成体系。其主要有四个特点：(1) 救济方法：程序救济和实体救济合一；(2) 救济程序：审判监督和执行监督并行；(3) 救济途径：依申请为原则，依职权为例外；(4) 救济方式：过程中的矫正和事后的补救兼用。③ 指出我们缺乏程序权利救济途径，程序性救济与实体性救济不加区分，实体权利救济机制严重缺乏。提出构建我国执行救济法律体系，区分程序救济和实体救济。然而，在对执行程序中发生的实体性争议，应当由执行机构审理裁判还是由审判机构裁判的问题，却主张由执行机构审理裁判，并进行了深入的论证，然而笔者认为此观点混淆

① 常怡主编：《强制执行理论与实务》，重庆出版社1990年版，第196页。

② 谭秋桂：《民事执行原理研究》，中国法制出版社2001年版；孙家瑞：《中国强制执行制度概论》，中国民主法制出版社1999年版；邹川宁：《民事强制执行基本问题研究》，中国法制出版社2004年版；李浩主编：《强制执行法》，厦门大学出版社2004年版；夏蔚、谭玲：《民事强制执行研究》，中国检察出版社2005年版；翁晓斌：《民事执行救济制度》，浙江大学出版社2005年版；童兆洪、林翔荣：《民事执行救济制度刍论》，载《比较法研究》2002年第3期。

③ 童兆洪、林翔荣：《民事执行救济制度刍论》，载《比较法研究》2002年第3期。

了执行权与审判权的界限，在执行权与审判权的界域问题上认识不足。

短短几年之后，理论界对执行权与审判权在执行救济领域的分工定位有了新的进展，理论上确立了执行救济分为性质不同的程序性救济与实体性救济，在执行权性质理论明确的基础上，提出了程序性救济属于执行权裁判范畴，实体性救济属于审判权范畴的观念，更多的人主张执行程序中发生的实体权利义务争议应当由当事人提起诉讼，由审判庭审理裁判；程序问题自然应当由执行庭裁决。审判权与执行权的界限明朗化。例如，有法官专家学者通过具体案件分析，进而指出：“现行的执行异议程序就这样陷入顾此失彼的尴尬境地，归根结底，是因为其程序设计上存在先天缺陷，把本来属于审判程序解决的问题硬搬到执行程序中解决。”① 故主张“解决执行和裁判现实冲突的制度路径：建立许可执行和执行异议之诉……让争议的双方在审判法庭上你诉我辩，充分沐浴在正当程序的阳光之下。当任何一方对裁判结果不服时，还可以通过上诉途径进行救济。唯如此，案外人的公平方能‘如江河滚滚’，债权人的正义也才能如‘大浪滔滔’。循此途径，则债务人异议之诉制度的建立也在情理之中了”。②

理论研究为民诉法的修订奠定了基础，提供了依据，体现在2007年我国民事诉讼法的修订中，在执行程序编增加了一种新类型的诉讼——案外人异议之诉，由审判庭审理裁判。

立法的进步更加鼓励和推动了强制执行法学的进一步深入研究，执行权与审判权的关系在理论上越来越清晰，执行程序中当事人提出的主张及争议如果是程序性的则由执行法官裁决，如果当事人或案外人发生了实体权利义务争议，则由他们提起诉讼，由审判庭审理裁判。

---

① 孙忠志、范向阳：《执行与审判的界限》，载《人民司法》2005年第9期。

② 孙忠志、范向阳：《执行与审判的界限》，载《人民司法》2005年第9期。

2008 年最高人民法院《执行程序解释》进一步勾画出执行权与审判权的界域，第 21 条规定了申请执行人执行异议之诉，第 26 条规定了分配方案异议之诉。

然而，还有一些执行程序中出现的争议，理论界仍存疑。例如，第一，判决书、制裁裁决书等执行根据，裁判事项不明确以致法院无法执行的问题如何解决？第二，执行当事人变更追加是否一律由执行法官裁定即可？第三，夫妻一方的债务纠纷判决、仲裁裁决等被申请执行，被申请人无财产可供执行时，执行法官是否可以直接裁定追加夫妻另一方为被执行人，甚至是否可以直接裁定追加其前配偶为被执行人？

关于上述第三个问题，2015 年最高人民法院第八次全国法院民事商事审判工作会议纪要，根据最高人民法院《关于适用〈中华人民共和国婚姻法若干问题的解释（二）〉》（以下简称《婚姻法司法解释二》）确定："债权人以夫妻一方为被告起诉的债务纠纷案件中，对于案涉债务是否属于夫妻共同债务，应当按照婚姻法司法解释（二）第二十四条规定认定。如果举债人的配偶举证证明所借债务并非用于夫妻共同生活，则其不承担偿还责任。"这并非适用于强制执行程序，而是适用于婚姻案件程序的规范。所以以此为根据，在执行程序中直接裁定追加被执行人配偶或前配偶为被执行人的认定仍然缺乏依据。理论界仍在争议与研究中。2016 年最高人民法院专职审判委员会委员杜万华对关于夫妻债务认定标准及阶段的解答表明了最高人民法院的观点，他在接受 2016 年 3 月 3 日《中国妇女报》的采访中答复："在执行阶段直接认定夫妻共同债务……把未参加诉讼的配偶另一方直接追加为被执行人，这显然不合适。在 2015 年 12 月召开的第八次全国法院民事商事审判工作会议上，我们专门强调，夫妻共同债务应当通过审判程序来认定，不能由执行程序认定……在执行过程中，被追加为被执行人的夫妻一方认为不能执行自己的财产，有权依法提出执行异议；如果该执行异议被驳回，被追加为被执行人的夫妻一方认为执行依据有错误，有权依法提起案外人申请再审之诉；对此再审申请，人民法院应当立案审查，鉴于夫妻一方没有参加原审诉讼，法院可以提审或者指令再审；进入再审后，鉴于原审诉讼遗漏当事人，人民法院可以依法撤销原审判决，发回重审。”①

最高人民法院通过杜万华的答记者问，确定了对执行程序中裁定追加配偶另一方为被执行人的观点：执行法官可以裁定追加被执行人另一方配偶，但是，当被追加的配偶一方认为被申请强制执行的债务非夫妻共同债务的，有权提出执行异议，提出异议后有两种可能的法律后果：

一是被法院裁定驳回。驳回后，由于是否为夫妻共同财产是实体法律问题，执行法官在执行权范围内不得对实体性争议裁判，因此，异议人，即被追加的配偶一方认为作为执行依据的判决有错误的，可以申请再审，提起案外人再审之诉。根据杜万华的答记者问，“对此再审申请，人民法院应当立案审查，鉴于夫妻一方没有参加原审诉讼，法院可以提审或者指令再审；进入再审后，鉴于原审诉讼遗漏当事人，人民法院可以依法撤销原审判决，发回重审”。这说明债务纠纷案件审理时，法官没有依职权追加债务人配偶为共同被告，也没有行使释明权询问原告是否追加被告配偶为共同被告，而导致原审诉讼遗漏当事人，是程序错误。笔者对此存疑。

最高人民法院《婚姻法司法解释二》第24条规定：“债权人就婚姻关系存续期间夫妻一方以个人名义所负债务主张权利的，应当按夫妻共同债务处理。但夫妻一方能够证明债权人与债务人明确约定为个人债务，或者能够证明属于婚姻法第十九条第三款规定情形的除外。”

但是，民诉法和其他法律并未规定债权人对自然人债务人起诉时应当同时以其配偶为共同被告，通常习惯上均以自然人债务人本

---

① 《家事审判改革为相关立法提供实践依据——专访最高人民法院审判委员会专职委员杜万华》，载《人民法院报》2016年3月3日第1版。

人为被告即可。法官并无法律依据追加被告之配偶为共同被告，法官也无法律依据向原告行使释明权，询问其是否追加共同被告。而原告因无法律明文规定应当以被告及其配偶为共同被告诉讼，所以会导致烦琐的连环诉讼发生，会致使那些无辜的债权人陷入漫长的诉讼程序中。因此，杜万华所代表的最高人民法院的司法政策还有不周延的地方。

二是法院认为异议有理，可以参照《民事诉讼法》第 227 条的规定，裁定撤销对该标的的执行。《民事诉讼法》第 227 条规定："执行过程中，案外人对执行标的提出书面异议的，人民法院应当自收到书面异议之日起十五日内审查，理由成立的，裁定中止对该标的的执行；理由不成立的，裁定驳回。案外人、当事人对裁定不服，认为原判决、裁定错误的，依照审判监督程序办理；与原判决、裁定无关的，可以自裁定送达之日起十五日内向人民法院提起诉讼。"

《民事诉讼法》这条规定是"中止"，有不少人持有异议，认为案外人异议有理，就应当撤销对该标的物的执行，而非中止。因为中止非终止、终结，意味着还有可能恢复。笔者认为有理，下次修法应当予以纠正。

综上所述，从执行救济的立法规范、司法解释的不断进步来看，不断拓展法学研究的深度与广度，法学研究的发展是必不可少的助推器。反之，最高人民法院新时期"审执分离"的改革运动，一系列司法解释的出台，也鞭策着强制执行法学理论进步。笔者认为，在执行改革方面这种鞭策最为明显。

三、执行异议与异议之诉以执行权与审判权界限为基准

如前所述，2007 年《民事诉讼法》修订之前，我国民事强制执行救济仅有异议这条途径，而不论当事人或者案外人提出的异议或者他们之间因执行标的发生的争议的性质如何。执行机构或执行法官行使执行权对执行中的异议作出裁断，即使实体性争议也由执

行机构或执行法官裁断。例如，案外人因执行标的物主张自己的权利，申请执行人反对，他们之间发生争议，或者被执行人也反对案外人对执行标的物的权利主张，他们三者发生争议。对执行标的物的争议非因执行根据而起，即他们对执行根据无争议，非属通过审判监督程序救济的问题。

另外，2007 年《民事诉讼法》修订之前，民事强制执行救济异议救济的主体也极为有限，当时的《民事诉讼法》中没有规定，1992 年最高人民法院制定实施的《民诉适用意见》及 1998 年的《执行规定》有进步，规定了适用于案外人、次债务人（到期债权之债务人）的异议救济。但没有适用于申请执行人和被执行人的异议救济，更没有异议之诉救济制度。

经过十多年的理论发展，执行救济理论在我国逐步建立，程序性的救济与实体性的救济应当交由不同的裁判、裁断主体处理的理念确立，执行权与审判权的界限意识日益清晰，执行权能范畴不同于审判权能范畴在理论界成为共识。

本章小结　三十多年来，我国经过了形式的、外化的"审执分离"改革，又进行了实质的、内生的"审执分离"改革。前者相对容易实施，已经顺利完成；后者经过近十年的立法及司法解释的变迁，成效显著，但是仍需继续完善。对于后者而言，至少在基本理念上取得了共识。

第三章 执行救济中的审判权定位境外考察

执行救济是为保障执行当事人与利害关系人的合法权益而设的机制，是制约与纠正执行机关和执行官等行使强制执行权主体的违法、不当行为的机制。执行救济权利人向执行机关提出自己的权利主张，看起来应当由执行机关予以审查、判断、裁判。但是，执行机关非审判权行使主体，因此，需要区别执行救济主张是程序性权利主张，还是实体性权利主张，从而设置不同的救济机制。若为程序性权利主张，如债务人认为执行查封标的价值数额超越了执行标的数额而提出异议，此事就应当由执行机关处理、裁定，即由执行机构在执行权能范围内裁断是否超越，是否应当撤销超额部分的执行措施。若为实体性主张，如债务人声明已经履行了执行根据所确定的义务，那么执行当事人之间的这种争议就不应当由执行机关行使审查、判断的权力予以裁判，而应当以诉讼的形式由法院法官行使审判权予以裁判。

以诉讼的方式解决执行程序中发生的实体性争议显然耗时费力，但审判权与执行权的界域不得逾越，也只有如此。关于审判权与执行权的界域问题，我国台湾地区陈荣宗教授在论述债务人异议之诉为何必须以诉讼的方式处理时指出：“惟一旦债权人取得执行名义，声请执行法院为强制执行程序进行时，执行机关仅得专依执行名义设法实现债权人之债权，使债权人满足，不得再就当事人之间之实体权利存否问题为审究，此乃基于执行机关与审判机关职务工作分工合作之要求。惟若执行名义成立之后，由于当事人间实体权利关系发生变动，该执行名义在实际上已经无法再反映债权人真正之实体权利时，如仍然任由债权人依该执行名义为执行，债务人势必因强制执行而受害，法律之正义亦无以维持。为使债务人对于此种实体权利发生变动之情况能及时为法律上之主张，以及能获得阻止债权人依执行名义为强制执行起见，法律赋予债务人得提起债务人异议之诉，以资解决救济。”①

若因债务人本身就是执行程序的当事人，执行依据所确定债务是否履行，债权人执行请求权是否丧失，似乎由执行权判断即可，不必以审判权裁判，即债务人异议须以诉讼的方式救济不够典型，那么以第三人异议之诉（我国《民事诉讼法》规定的案外人异议之诉）来说明必须由审判权裁判则理由充分。案外第三人非执行当事人，执行机构的执行措施自不应当涉及其权利。如若有执行措施发生差错，即发生执行瑕疵，错将其财产作为债务人（被执行人）财产执行，第三人主张排除执行标的上之执行措施，而债权人不同意，甚至债务人也不同意，这种争议为实体性权利争议，执行机关或执行员不享有对实体权利义务争议的裁判权，应当由审判法官审理裁判。

本书仅选取我国台湾地区与日本、韩国为考察对象。

第一节　执行、执行瑕疵与执行救济

一、当代强制执行之公力救济与自助救济

（一）以当代强制执行公力救济为原则

法院作出裁判后，或者法院的执行根据确定生效后，理想之状态应当是：负有义务之当事人自觉履行义务，以实现权利人之权利。然此乃乌托邦式幻想，现实中总有一些义务人迟延履行义务、拒绝履行义务，因此需要借助国家公权力强制执行，实行执行的公

---

① 陈荣宗：《强制执行法》，三民书局1988年版，第153页。

力救济。

实现法院裁判确定的民事权利，历史上曾经历了当事人自力救济时期。例如，罗马法早期的债务执行制度，根据《十二铜表法》第三表“债务法”的规定：“（1）债务人在承认债务或者得到债务判决后，有30天特许宽限期；（2）该期限届满而未偿还的，债权人可以将债务人押解到庭；（3）债务人当庭如仍不能偿还，且无人到庭为之偿还或提供担保，则债权人可以将债务人押回家中，给他戴上足枷或手铐，加以拘禁；（4）拘禁期间，债务人的生活费自理，如无能力自理则由债权人供养……（7）如仍无人代为清偿或提供担保，债权人可以将债务人处死，或出卖于国外；（8）如果债务人是被交给几个债权人，则他们可以将债务人切块分尸，或分配将其出卖所得的价金。”① 这段历史所反映的是债权之确认已经实行公力救济，而法院确认之债权的实现，即债务的履行，则在相当程度上仍依赖私力救济。然而，这种表面上看似私力救济的救济，又并非完全的私力救济。因有需要债权人将债务人押解至法庭裁判官面前，以及将债务人押解至广场，在裁判官前当众宣布所欠债务数额的程序步骤，故而这种执行方式还不能完全称为自力救济，应当称为相当程度上的自力救济。

社会文明进步后，债务执行中对人身的执行逐步转为对财产的执行，对财产的执行又由债权人的自力救济进步为主要依靠公力救济。“中世纪前期盛行私力救济。债权人可以不经过官署，自行扣押债务人财产，用于抵偿或变价清偿所欠债务。以后随着文明的发展和公权的壮大，破产清偿逐渐由私力救济转向公力救济，即债权人通过官署（主要是通过法庭）扣押和执行债务人的财产。”②

（二）自力救济尚存并值得关注

当代社会以公力救济为主，然而有些国家和地区在某些事项上

① 王卫国：《破产法》，人民法院出版社1999年版，第23~24页。

② 王卫国：《破产法》，人民法院出版社1999年版，第25页。笔者注：此处虽然是指破产清偿，但是，民事强制执行也如此。

的相关规定尚允许自力救济。例如，英国自力救济性质的欠租扣押与没收租权制度，[①] 我国台湾地区的自助行为制度。

英国的欠租扣押与没收租权制度有三百多年的历史，其《欠租扣押财物法》历经多次修改。欠租扣押制度是指对欠房租的房客，房主有权扣押其财物，变价出售以清偿房租。没收租权是指当房客拖欠房租时，房主有权提前终止租赁，并授权持有法院颁发的执行员证的执行员收取房屋。原来，欠租扣押自力救济既适用于居住物业，也适用于商事物业。后来，大家认为对居住物业继续适用违反《欧洲人权公约》，对无力支付房租的房客不够道德，故在20世纪60年代就基本被废止。但是，商业物业则不同，承租人在租赁时应当也能够考虑到欠租的危险，若禁止商业物业业主这种自力救济，让他们通过诉讼再强制执行的途径获得救助，其成本较高，显然不利。经过讨论、争议，现在英国废止了居住物业的欠租扣押自力救济，保留了商业物业上类似欠租扣押的欠租追收自力救济制度。[②]

对于英国这种自力救济，有学者持赞同态度："从自力救济到公力救济的演进和发展，并不是要彻底否认自力救济。事实上，公力救济滞后、被动的特点以及国家能力和资源的有限性，决定了公力救济不可能包揽一切，尤其是那些对国家统治秩序不构成明显威胁的纠纷，公力救济甚至根本就缺乏介入的兴趣。"[③]

在我国台湾地区，根据其"民法"和"强制执行法"，执行债权人有权对执行债务人之人身自由或者财产采取自助行为，即可以自行拘束其债务人到执行法院，或者自行扣押债务人之财产。如果案件已经申请强制执行，债权人拘束其债务人到执行法院，符合管收条件的，执行法院对债务人予以管收。如果尚未申请强制执行，

① 张永红：《英国强制执行法》，复旦大学出版社2014年版，第33~63页。

② 张永红：《英国强制执行法》，复旦大学出版社2014年版，第33~63页。

③ 张永红：《英国强制执行法》，复旦大学出版社2014年版，第32页。

那么债权人限制债务人自由，声请法院处理者，视为声请。[①] 我国台湾地区“强制执行法”第5-2条规定：“有执行名义之债权人依民法第一百五十一条规定，自行拘束债务人之自由或押收其财产，而声请法院处理者，依本法规定有关执行程序办理之。”“前项情形，如债权人尚未声请强制执行者，视为强制执行之声请。”

我国也有学者主张允许申请执行人有一定条件下的私力救济权，还有学者主张我国法律应允许债权人一定条件下的自助行为。[②]

笔者认为这个主张有一定的道理，而在执行实务中也常有发生。不少债务执行案件的被执行人逃匿导致法院无法采取强制执行措施，有时申请执行人终于发现了到处躲藏的被执行人，报告法院可能来不及，因此只能立马扭送其到执行法院执行法官面前。这类案件，被执行人被扭送到执行法院后，有的很快履行了执行义务；但有的被执行人声明申请执行人行为违法，甚至报警称其人身自由受到非法限制，要求排除限制。按照现行法律规定，申请执行人扭送被执行人的行为确实不合法，但对于那些被执行人长期逃债的执行案件，有时却能解决实际问题。

另外，实际生活中的这种操作方式值得重视并予以借鉴，即对欠租金又拒不腾房的纠纷，有时房屋出租人考虑到诉讼救济耗时费力，不如自己破门而入，将房客的东西搬出来，自行收回房屋，以降低己方的经济损失。在这种情况下，我国一些地区，如北京、太原，出租人如果报警称自己的民事权利受到侵害，要求予以保护，警方会以房屋为出租人所有而不予受理。客观上认可了房东自力救济的合法性。

---

① 参见杨与龄编著：《强制执行法论》，中国政法大学出版社2002年版，第124页。

② 腾威：《民事自助行为合法性论纲》，载《审判研究》2003年第5期。

二、执行行为瑕疵

执行机关在执行过程中难免有不符合法律规范，甚至违法的情况发生，这些不符合法律规范，甚至违法的执行行为在我国台湾地区和韩国强制执行法学上被称为瑕疵执行行为，包括违法执行与不当执行。为纠正这些可能发生的不合法行为或违法行为，强制执行法律为执行当事人及可能涉及的案外人设置了必要的救济制度。

（一）我国台湾地区强制执行法学的执行行为瑕疵

民事强制执行理想之状态应当是法院或者法定的执行机关①，依照法定执行程序，采取法定执行强制措施，强制被申请人（债务人）履行义务，以实现申请人（债权人）之权利即可。但是，法律实务纷繁多样，意外问题层出不穷，执行当事人提出的各种主张、异议，以及案外人对执行标的提出的权利主张、异议需要执行机构、执行法官或者执行人员作出法律判断，有些事项还需作出书面裁定答复。如果执行案外人对执行标的主张权利，或者执行当事人就是否应当执行发生争议，抑或参与分配的债权人对分配表提出异议，提起诉讼的，还需要法院审理后作出裁判。这些可能提出的主张可以统称为执行异议，包括程序性的和实体性的，我国《民事诉讼法》以及最高人民法院关于《民事诉讼法》强制执行程序的司法解释规定中出现的“执行异议”只是其中的一部分，尚有欠缺，缺乏如对实体性异议予以救济的债务人异议之诉。

---

① 执行机关在不同的国家和地区可能设置不同，有“一元制”模式，又有“二元制”模式，“域外执行体制的模式，大致有两种：集中模式和分散模式。集中模式是指由一个机构（往往设在法院内）行使民事执行权，因此也称为一元制。分散模式也称为二元制，是指由不同的独立的执行机构（如执行法院、执行员或行政机关）分享民事执行权。无论是集中模式还是分散模式，重大的执行行为、价值巨大的财产的执行、其他财产的执行、执行裁决事项等几乎被法院所垄断；而执行员或行政官员只能介入价值较低的动产的执行，其中行政官员（如英美的警察）往往需要取得法院的命令后才能展开执行”。参见肖建国：《执行体制改革必须重申的一个基本概念》，载齐奇主编：《执行体制和机制的创新与完善》，人民法院出版社2008年版，第72页。

根据强制执行法学理论，民事强制执行程序应当设置救济程序，允许被申请执行人、申请执行人以及可能涉及的案外人提出自己的异议、主张等，以保障执行当事人或案外人的合法权益免遭违法执行行为或不当执行行为之损害。

我国大陆强制执行法学中尚未有强制执行瑕疵的概念。

根据我国台湾地区强制执行法学，有瑕疵之执行行为又可再分为以下两类：

一是违法之执行行为。违法之执行行为是指违反强制执行法律规范规定的执行行为要件、执行程序或者执行方法等执行行为。例如，对禁止查封、扣押的财产实施了查封或扣押行为；对被执行财产应拍卖而未拍卖，直接予以变卖等。

二是不当之执行行为。不当之执行行为是指执行行为虽然符合法律规定，但是执行的结果与债权人（申请执行人）在实体法上之权利关系不符的情形。例如，债务人已经履行了义务，然而债权人还申请执行，执行机关予以执行。①

我国台湾地区强制执行法学上还有一种三分法，以执行行为违法之不同程度为标准，将有瑕疵之执行行为分为表见执行行为、无效执行行为和得撤销执行行为三种。

表见执行行为是指“行为违法程度显著，不具备执行机关执行行为之概念要素，在外观上亦不能认为是执行机关之执行行为，此指非有强制执行权之人所为之执行行为，无强制执行权之人假借执行机关名义所为之执行行为，又称‘执行行为不成立’，又称‘非执行行为’”。

无效执行行为是指“执行行为虽系有强制执行权之执行机关所为而成立，但其重大违反法律规定，欠缺强制执行本质之要件，解释上无法认为有执行效力之执行行为”。

“除前述‘非执行行为（不成立）’及‘无效执行行为’外

① 杨与龄编著：《强制执行法论》，中国政法大学出版社 2002 年版，第 7 页。

的违法执行行为均属于‘得撤销之执行行为’。”①

（二）韩国民事执行法学中的“违法执行”与“不当执行”

在韩国民事执行法学中，当事人、利害关系人、案外人可以请求救济的执行行为被分为违法执行和不当执行两种。

违法执行，是指违反法定程序的强制执行，其民事执行法针对违法的强制执行规定了一般意义上的两种救济手段——即时抗告和申请执行异议。②

不当执行，是指“虽然强制执行没有违反法定的程序，但如果放任这种执行，其结果会违反正义的观念”。③ 其民事执行法针对不当行为，规定了两种实体性救济手段——请求异议之诉和第三人异议之诉。④

韩国学者认为，区分“违法执行”与“不当执行”意义重大：“作为执行机关的执行官实施违法执行行为给债权人和债务人或者第三人造成了损失，应由国家赔偿其损失（国家赔偿法第 2 条），理由是强制执行也属于公权力的行使。但是，执行机关实施不当执行行为的，只是债权人和债务人以及第三人之间发生损害赔偿和不当利益的问题，并不发生国家赔偿的问题。因此，在这一问题上一定要区别违法执行和不当执行两者的概念。”⑤

韩国民事执行法学上的违法执行行为、不当执行行为与我国台湾地区强制执行法学上的划分相同，违法执行行为的救济为程序上

---

① 赖来焜：《强制执行法总论（下）》，元照出版公司 2007 年版，第 518～520 页。

② ［韩］姜大成：《韩国民事执行法》，朴宗根译，法律出版社 2010 年版，第 158 页。

③ ［韩］姜大成：《韩国民事执行法》，朴宗根译，法律出版社 2010 年版，第 159 页。

④ ［韩］姜大成：《韩国民事执行法》，朴宗根译，法律出版社 2010 年版，第 159 页。

⑤ ［韩］姜大成；《韩国民事执行法》，朴宗根译，法律出版社 2010 年版，第 159 页脚注〔1〕。

的救济，当事人可以向执行机关提出异议，请求撤销或予以实施；不当执行行为的救济为实体上的救济，当事人或利害关系人需要通过诉讼途径解决争议。违法执行行为是执行机关实施的行为不符合法律规定，可能损害当事人的权益而引起对执行机关执行行为的异议；不当执行行为是因执行债权人或债务人行使执行请求权，或者确定执行标的物被债权人或债务人，或者案外人认为错误，他们之间因而产生的争议。

三、违法执行与不当执行之救济

因执行机关之执行行为可能会有瑕疵，即执行机关之执行行为可能会有违法行为发生，可能会有不符合法律要求、法律程序等情形发生，为了纠正这些可能发生的错误，法律为执行当事人以及可能涉及的案外人设置了救济程序，以保护他们的合法权益免遭执行公权侵害。

执行瑕疵行为所涉及的可能是当事人的程序性权利，也可能是执行当事人或案外人的实体性权利，故而执行异议之客体分为程序性客体与实体性客体，执行异议分为程序上的异议与实体上的异议；异议之主体包括执行当事人也包括案外第三人。程序上的异议是指法律赋予当事人的，对执行机关违背执行程序规定的执行行为提出的抗议。实体上的异议是指执行债务人、案外第三人等主体对执行义务或执行标的物提出的排除执行的诉讼。例如，被申请执行人（债务人）基于实体法权利义务关系，以诉讼的方式执行名义上的执行力，这种救济称为债务人异议之诉。以及，案外第三人对执行标的物有足以排除强制执行的权利时，可以向法院提起的异议之诉。在众债权人有权参与分配的程序中，分配表异议之诉、债务人对第三人之声明提起之诉，也是实体性的异议。

第二节 我国台湾地区强制执行救济

一、我国台湾地区执行救济之分类

根据我国台湾地区强制执行法学的理论及强制执行的相关规定，执行救济分为一般性的执行救济与特殊性的执行救济。一般救济与特殊救济中又都包括程序性救济与实体性救济，因此，笔者认为可以将它们分类如下：

（一）以程序性及实体性为区分标准

可分为程序性执行救济和实体性执行救济。程序性执行救济是指针对违反执行程序规定的执行行为进行救济的方法，包括声请、声明异议、抗告；实体性执行救济是指债务人或第三人基于实体上的法律关系，请求排除强制执行的方法，包括债务人异议之诉、第三人异议之诉。

（二）以一般执行程序及特殊执行程序为区分标准

可分为一般执行救济和特殊执行救济。一般执行救济是指规定在一般执行程序中的执行救济方法，包括声请、声明异议、抗告，以及债务人异议之诉、第三人异议之诉；特殊执行救济是指规定在其“强制执行法”中分配程序、强制管理程序以及其他财产权执行程序中的救济方法，包括分配表异议、分配表异议之诉，对强制管理之异议，第三人对于债务人主张之债权或财产权声明异议，债务人对该第三人之声明提起之诉等。

二、一般执行救济

一般性的救济分为程序上的救济和实体上的救济两种。程序上的救济有声请、声明异议、抗告；实体上的救济有债务人异议之诉、第三人异议之诉。

（一）程序上的执行救济

程序上的执行救济，是指法律赋予当事人或利害关系人，对执行机关违背执行法律关于执行程序规定的作为或不作为，可以提出异议，以资救济的权利。

我国台湾地区“强制执行法”第12条规定：“当事人或利害关系人，对于执行法院强制执行之命令，或对于执行法官、书记官、执达员实施强制执行之方法，强制执行时应遵守之程序，或其他侵害利益之情事，得于强制执行程序终结前，为声请或声明异议。但强制执行不因而停止。前项声请及声明异议，由执行法院裁定之。不服前项裁定者，得为抗告。”① 其程序上的救济“声请”“声明异议”及“抗告”即来源于此。声请，是指当事人或利害关系人请求执行机关为或不为一定执行行为的意思表示。例如，情况紧急，需在休息日实施查封但执行法官未进行许可的，申请人即可声请执行法官作出相应执行行为。声明异议，是指当事人或利害关系人请求执行机关将其为或不为一定执行行为予以变更或撤销的意思表示。抗告，在我国台湾地区民事诉讼相关规定中是指“为当事人或其他诉讼关系人对于法院或审判长所为不利于己且未确定之裁定，向上级法院声明不服，请求废弃或变更该裁定之行为”。②

程序上的异议所针对的是执行机关实施的执行方法、执行命令、执行程序规范等事项，异议的目的是使执行机关变更或撤销被提出异议的执行行为，或者按照法定程序为执行行为。

声请、声明异议是“强制执行法”赋予执行当事人及利害关系人的程序性救济权利，当事人或利害关系人对强制执行法院的执行行为或不行为有异议，或者请求予以变更或撤销时，向法院提出，对这些声请或声明异议，法院审查后作出裁定驳回或者变更、撤销。当事人不服执行法院裁定的，其“强制执行法”还设置了

① 施茂林、陈维钧主编：《详明六法全书》，世一文化股份有限公司2015年版。

② 陈计男：《民事诉讼法论（四）》，三民书局2006年版，第359页。

进一步的救济机制，即抗告。但是，并非执行程序中声请或声明异议程序中的裁定均可抗告救济，有些可以抗告，有些则不可以。我国台湾地区“强制执行法”第 13 条第 2 款规定情形下的裁定就不得抗告救济，该条第 2 款、第 3 款规定：“执行法院于前项撤销或更正之裁定确定前，因必要情形或依申请定相当并确实之担保，得以裁定停止该撤销或更正裁定之执行。当事人对前项裁定，不得抗告。”①

（二）实体上的执行救济

实体上的执行救济，通常是指因执行当事人之间就执行名义所载之执行请求权是否消灭、是否有妨碍，或者案外第三人对执行标的物主张自己的权利而发生争议，法律赋予他们提起诉讼的权利，建立通过诉讼程序审理裁判的机制。我国台湾地区“强制执行法”设置的一般性实体救济有债务人异议之诉、当事人异议之诉。即债务人异议之诉与第三人异议之诉，是法律赋予强制执行程序中的债务人与第三人的实体性救济权利。

1. 债务人异议之诉，是指执行程序债务人在执行名义成立后，有消灭或妨碍债权人请求之事由发生时，强制执行法赋予其向债权人提起诉讼，以排除强制执行的救济机制。“即债务人或第三人基于实体法上之法律关系，请求排除不当之强制执行之方法。”② 例如，债权人依执行名义主张债务人给付一定数额的金钱，但债务人主张已偿还，债权债务关系已消灭。

我国台湾地区债务人异议之诉有两种，一种是其“强制执行法”第 14 条所规定的，因债务人认为债权人请求执行的债权不成立或债权消灭，或者有妨碍债权人请求强制执行的事由发生而提起的异议之诉；另一种是该法第 14-1 条所规定的，因执行主体不适格而提起的债务人异议之诉。

① 施茂林、陈维钧主编：《详明六法全书》，世一文化股份有限公司 2015 年版。

② 杨与龄编著：《强制执行法论》，中国政法大学出版社 2002 年版，第 169 页。

我国台湾地区“强制执行法”第14条规定：“执行名义成立后，如有消灭或妨碍债权人请求之事由发生，债务人得于强制执行程序终结前，向执行法院对债权人提起异议之诉……执行名义无确定判决同一之效力者，于执行名义成立前，如有债权不成立或消灭或妨碍债权人请求之事由发生，债务人亦得于强制执行程序终结前提起异议之诉。”① 这是一种债务人异议之诉。该法第14-1条规定：“债务人对于债权人依第四条之二规定声请强制执行，如主张非执行名义效力所及者，得于强制执行程序终结前，向执行法院对债权人提起异议之诉。”这是另一种债务人异议之诉。

这两种债务人异议之诉有所区别，两者适用条件不同，前者适用于债务人认为债权人执行请求权消灭或有妨碍，与债权人有争议而提起诉讼；后者适用于债务人认为请求执行之债权人非执行名义承继人，或者其本人非执行名义承继人与债权人有争议而提起诉讼。

另外，从上述第14条及第14-1条的规定来看，其债务人异议之诉发生事由有三种情况：（1）因认为有消灭或妨碍债权人请求之事由发生而提起异议之诉。（2）因认为有债权不成立事由而提起异议之诉，但以“执行名义无确定判决同一之效力者，于执行名义成立前”② 为前提。（3）因债权人或债务人非执行名义效力所及者而提起异议之诉。

2. 第三人异议之诉，是指执行程序之案外第三人，就执行标的物认为其有足以排除执行之权利，向法院起诉债权人，请求排除执行行为的救济机制。“即第三人请求排除对特定标的物之强制执行行为目的之强制执行救济方法。”③ 我国台湾地区“强制执行法”第15条是关于第三人异议之诉的规定：“第三人就执行标的物有

① 施茂林、陈维钧主编：《详明六法全书》，世一文化股份有限公司2015年版。

② 我国台湾地区“强制执行法”第14条第2款。

③ 杨与龄编著：《强制执行法论》，中国政法大学出版社2002年版，第169页。

足以排除强制执行之权利者，得于强制执行程序终结前，向执行法院对债权人提起异议之诉。如债务人亦否认其权利时，并得以债务人为被告。”①

此外，在我国台湾地区“强制执行法”第119条规定的情况下，次债务人也可以作为第三人提起异议之诉，通常第三人异议之诉是指其“强制执行法”第15条规定情况下提起的诉讼，通常意义的第三人异议之诉，是因为案外第三人就执行标的物认为其有足以排除执行之权利，向法院起诉债权人，请求排除执行行为。这种异议之诉具有以下特征：

第一，第三人异议之诉是对执行标的物之异议，第三人对执行标的物主张自己的权利，主张执行标的物非债务人责任财产，目的是排除法院对执行标的物之执行。对此，我国台湾地区赖来焜教授指出：“第三人异议之诉既系第三人就强制执行标的物有妨碍强制执行之权利，故在学理上亦称‘关于执行标的物之异议’。”②

第二，第三人异议之诉所针对的执行标的物包括动产、不动产、船舶、航空器、其他财产权及公法人之财产，不包括我国台湾地区“强制执行法”第119条所指的债务人之债权及债务人对案外第三人的其他财产权。

三、特殊执行救济

特殊性的救济是指“对于特殊执行程序所设之特别救济方法”③。特殊性的救济有：分配表异议、分配表异议之诉；对强制管理之异议；第三人对于债务人主张之债权或财产权声明异议；债

---

① 施茂林、陈维钧主编：《详明六法全书》，世一文化股份有限公司2015年版。
② 赖来焜：《强制执行法总论（下）》，元照出版公司2007年版，第645页。
③ 杨与龄编著：《强制执行法论》，中国政法大学出版社2002年版，第170页。

务人对该第三人之声明提起之诉。[①] 特别救济方法是规定在其“强制执行法”中分配程序、强制管理程序以及其他财产权执行程序中的救济方法。

特别救济方法与一般救济方法的关系类似于特别法优于普通法的关系，“特别救济方法既系法律所特别规定之救济程序，则一般方法仅使用法律未特别规定之救济，故若有特别方法可资救济，应不得再主张一般方法，例如债权人可依本法第三十九条声明异议，即不得依本法第十二条规定对分配表金额之计算及分配次序声明异议”。[②]

特殊性的救济方式也是既包括程序性的救济，又包括实体性的救济。程序性的救济是指法律赋予了执行当事人及可能涉及的案外当事人向执行法院提出异议，以纠正瑕疵执行行为的权利；实体性的救济是指法律赋予了执行当事人及可能涉及的案外当事人向执行法院提出诉讼，以排除执行的权利。

（一）参与分配救济

参与分配。“所谓参与分配系指债权人依据金钱之执行名义，声请执行法院就债务人之财产实施强制执行所得之金额，其他债权人向执行法院声明就执行所得金额，其债权应平均受偿之意思表示之谓。”[③] 即指在已经开始的金钱债权的强制执行程序中，其他有执行根据的债权人也有权声请加入，对被声请执行人的财产共同受偿、平均受偿的制度。参与分配类似于破产债权之清偿。参与分配是否适用于强制执行，各国法律规定不同。在采用平等清偿主义与团体优先原则（或称群体优先主义）的国家，有执行根据的债权

---

① 杨与龄编著：《强制执行法论》，中国政法大学出版社 2002 年版，第 170 页；杨与龄主编：《强制执行法实例问题研究》，五南图书出版公司 2000 年版，第 66~67 页。

② 赖来焜：《强制执行法总论（下）》，元照出版公司 2007 年版，第 530~531 页。

③ 赖来焜：《强制执行法总论（下）》，元照出版公司 2007 年版，第 821 页。

人可以声请对其他债权人已经开始的执行财产共同平均分配；而在实行优先清偿主义的国家，其他债权人不可请求加入对已经开始的执行的债务人财产共同平均分配。

虽然法律有许多共性，但各国具体立法均有许多不同，强制执行立法上可能采用不同的主义即原则，如当事人平等主义或不平等主义，当事人进行主义或职权进行主义，优先清偿主义、平等清偿主义或团体优先主义，再查封主义或不再查封主义，承受主义、涂销主义或剩余主义，并用主义或分离主义，属地主义或普及主义。①

平等清偿主义，是指对已进入执行程序的债务人的财产，其他债权人，即有执行请求权的债权人，也可以在该执行程序终结前，声请加入执行，众债权人按照各自不同债权额，按比例平均受偿。对被执行财产，各债权人不分先后，均平等受偿，除享有优先受偿权外。此主义源于罗马法，今为法国、意大利、日本立法采取。我国台湾地区“强制执行法”于1975年修订前也采取这种立法原则。优先清偿主义，是指当债权人有数人，而债务人之财产不足以清偿全部债权人之债权时，先申请查封之债权人有优先受偿之权利，即按照申请查封在先顺序清偿，有法定优先权者除外。此主义源于日耳曼法，今为德国及奥地利立法采用。团体优先主义，是指当债务人的财产不足以清偿请求执行的众债权人的全部债权时，这些声请执行的债权人在一定时期内被视为一个团体，以参与分配的方式，按照他们各自不同的债权额，对被执行此财产按比例平均受偿。未受清偿的部分在该期限结束后，在以后期限的财产分配中享有优先受偿权。瑞士立法采用此主义，我国台湾地区“强制执行法”经1975年修订后也采用此主义。②

我国大陆《民事诉讼法》强制执行规定的参与分配，是指被

① 杨与龄编著：《强制执行法论》，中国政法大学出版社2002年版，第22~24页。

② 杨与龄编著：《强制执行法论》，中国政法大学出版社2002年版，第22页。

执行人为自然人或其他组织时，在已经开始的执行程序中，其他持有执行根据的当事人也可以申请参与该执行程序，与已经开始的执行程序中的申请执行人共同按各自不同的债权比例参与分配被执行人的财产的制度。与上述我国台湾地区的参与分配制度有所不同，主要表现为适用主体不同，我国大陆仅适用于被执行人为自然人和其他组织，不适用于法人。我国大陆的参与分配制度在一定程度上弥补了自然人非破产主体的缺陷。

1. 分配表异议，在我国台湾地区强制执行法学上，一种观点认为有广义与狭义两种不同的概念，广义的概念包括程序上的异议和实体上的异议，狭义的概念仅指实体上的异议。即就广义而言，分配表异议有如下两种：

第一，程序上的分配表异议，是指执行中的债权人或债务人，对执行法院的分配表制作方法有异议，或者认为分配表制作程序违法时，有权提出异议以请求救济。“例如债权人之债权应列入而未列入或不应列入而列入；分配表未于分配期日五日前送达（强三一）；分配金额有误算或漏载等时。”① 第二，实体上的分配表异议，与分配表异议之诉不同，是指债权人或者债务人对分配表上所载的各债权人之债权是否真实有异议，或者对分配金额有异议，而向执行法院提出异议主张，并非债权人或债务人对于分配表不同意，而对其他债权人或债务人提起的诉讼。

2. 分配表异议之诉，“是指债权人或债务人对于分配表不同意，声明异议，因他债权人或债务人有反对之陈述，致异议未终结者，由声明异议人对为反对陈述之债权人或债务人提起之诉讼而言”。②

3. 我国台湾地区强制执行中还曾经有参与分配之诉，参与分

---

① 杨与龄编著：《强制执行法论》，中国政法大学出版社 2002 年版，第 296 页。笔者注：“强三一”是指我国台湾“强制执行法”第 31 条，余同。

② 杨与龄编著：《强制执行法论》，中国政法大学出版社 2002 年版，第 301 页。

配之诉是指债权人或者债务人对于无执行名义之债权人声明参与分配有异议，执行机关通知该债权人后该债权人仍然主张参与分配的，异议人可以在法定期限内对该债权人提起诉讼。[①] 参与分配之诉的根据是我国台湾地区“强制执行法”第36条，但是1996年该“强制执行法”修订后，第36条被删除，[②] 除了有优先债权并属实者以外，无执行名义的债权人原则上不得参与分配，故而此诉随之消灭。

关于强制执行是实行平等清偿主义还是优先清偿主义，抑或团体优先主义，我国台湾地区“强制执行法”经历了1975年、1996年两次修订，由1975年之前的完全平等主义改为团体优先主义，1996年修订仍然实行团体优先主义，但是原则上不允许无执行名义之债权人参与分配。

关于为什么限制无执行名义债权人参与分配，赖来焜教授在其著作中指出：限制无执行名义之债权人参与分配，是为了改进平等主义之缺点，因为民事强制执行系就债务人之个别财产执行，以满足特定债权人之债权，与破产对债务人之总财产执行，目的使全部债权人平等受偿不同。无执行名义之债权人，可待其取得执行名义后，另行申请对债务人的其他财产执行。若债务人无其他财产可供清偿债务，债权人则可申请宣告其破产。另外，针对实务中不少恶意债务人被强制执行时，为规避财产执行，恶意勾结亲友，伪造假债权，声明参与分配，损害真正债权人利益，为遏制这些日益严重的诈害债权行为，我国台湾地区“强制执行法”删除了无执行名义者得申请参与分配之规定，以确保真正债权人之权益。[③]

我国台湾地区参与分配救济既有程序性救济，又有实体性救济。分配表异议为程序性救济，分配表异议之诉为实体性救济。

---

① 陈荣宗：《强制执行法》，三名书局印行1988年版，第297页。

② 我国台湾地区现行“强制执行法”第36条处标示为“删除”。

③ 赖来焜：《强制执行法各论（下）》，元照出版公司2007年版，第836页。

（二）强制管理救济

强制管理，是指法院对债务人被查封的不动产，选第三方做管理人，管理所得用以清偿债务的一种强制执行措施。我国台湾地区“强制执行法”第103条规定：“已查封之不动产，执行法院得因债权人之声请或者依职权，命付强制管理。”① 这种执行措施具有如下特征：第一，仅适用于不动产，船舶、航空器虽然属于动产，但因我国台湾地区“强制执行法”准用不动产的规定，故理论上也可以采取强制管理措施，但是有争议，有肯定说与否定说两种对立观点，实务上均有实施强制管理措施的事例。② 第二，强制管理必须能够获得收益。第三，被查封的不动产必须适宜强制管理这种执行措施。第四，强制管理措施程序的启动有两种途径，一是债权人申请，二是执行机关依职权。这一特点是对我国大陆地区强制执行规定而言，在我国台湾地区强制执行法学理论上这项规定不成为特点。因为，综观其强制执行法条文，多有这种“因……声请”或者“依职权”的明示，当事人权利与法院职权配置界限清楚。对债务人不动产是否采用强制管理措施可以根据债权人的声请，也可以由法院行使自由裁量权，酌情采用。

债权人认为强制管理收益数额不合理时，有权提出异议请求救济，对此，我国台湾地区“强制执行法”第110条（关于收益之清偿顺序）第1款、第2款规定：“管理人于不动产之收益，扣除管理费用及其他必需之支出后，应将余额速交债权人；如有多数债权人参与分配，执行法院认为适当时，得指示其作成分配表分配之。债权人对于前项所交数额有异议时，得向执行法院声明之；如债权人于前项分配表达到后三日内向管理人异议者，管理人应即报请执行法院分配之。”③

① 施茂林、陈维钧主编：《详明六法全书》，世一文化股份有限公司2015年版。

② 赖来焜：《强制执行法各论（上）》，元照出版公司2007年版，第441页、第484页。

③ 施茂林、陈维钧主编：《详明六法全书》，世一文化股份有限公司2015年版。

债权人认为强制管理收支计算书不合理时，有权提出异议请求救济，对此，该法第 111 条（关于管理人收支计算书之呈送义务）规定："管理人应于每月或其业务终结后，缮具收支计算书，呈报执行法院，并送交债权人及债务人。债权人或债务人对于前项收支计算书有异议时，得于接得计算书后五日内，向执行法院声明之。"①

这种强制管理的执行措施，在我国 1992 年的最高人民法院的司法解释《民诉适用意见》中首次规定，该意见第 302 条规定："被执行人的财产无法拍卖或变卖的，经申请执行人同意，人民法院可以将该项财产作价后交付申请执行人抵偿债务，或者交付申请执行人管理；申请执行人拒绝接收或管理的，退回被执行人。"在 2015 年最高人民法院《民诉法解释》第 492 条延续保留了此规定，仅稍事修正，规定"被执行人的财产无法拍卖或者变卖的，经申请执行人同意，且不损害其他债权人合法权益和社会公共利益的，人民法院可以将该项财产作价后交付申请执行人抵偿债务，或者交付申请执行人管理；申请执行人拒绝接收或者管理的，退回被执行人"②。增加了"不损害其他债权人合法权益和社会公共利益"这样一个前提条件。

强制管理救济仅有程序性救济，没有实体性救济，因为所异议之事项均为法院采取执行措施、实施执行行为中的问题，而非执行当事人之间或执行当事人与案外人之间的实体性争议。

（三）次债务人之第三人异议之诉救济

从我国台湾地区"强制执行法"第 119 条立法来看，这种救济也称第三人异议之诉。该条第 1 款、第 2 款、第 3 款规定："第三人不承认债务人之债权或其他财产权之存在，或于数额有争议或有其他得对抗债务人请求之事由时，应于接收执行法院命令后十日

① 施茂林、陈维钧主编：《详明六法全书》，世一文化股份有限公司 2015 年版。

② 参见《民诉法解释》第 492 条。

内，提出书状，向执行法院声明异议。第三人不于前项期间内声明异议，亦未依执行法院命令，将金钱支付债权人，或将金钱、动产或不动产支付或交付执行法院时，执行法院得因债权人之声请，径向该第三人为强制执行。对于前项执行，第三人得以第一项规定之事由，提起异议之诉。”①

这种次债务人提起的第三人异议之诉与通常意义上的第三人异议之诉不同，两者之间有以下区别：第一，通常意义上的第三人异议之诉，是因案外第三人就执行标的物认为其有足以排除执行之权利而提起；次债务人提出的第三人异议之诉，是因该次债务人作为第三人不承认被执行债务人之债权或其他财产权，但是未在法定期限内声明异议而被法院执行，为阻止法院执行，使法院撤销执行措施而提起。即按照第 119 条提起第三人异议之诉的原告，系被主张与执行债务人有债务关系；而通常的第三人异议之诉的原告，非因主张其与债务人之间无债权债务关系，而是主张执行标的物非债务人的责任财产，不应当被执行。第二，通常的第三人异议之诉是对执行标的物提出异议，异议客体有限；而次债务人提起的异议之诉是对被执行债务人是否对其享有债权而提出，异议客体比较广。

我国大陆地区《民事诉讼法》中没有规定这种救济制度，最高人民法院 1998 年的《执行规定》第七部分是关于对被执行人到期债权的执行措施的规定，共 9 个条文，根据第 61 条规定，被执行人不能清偿执行根据确定的债务时，如果对案外第三人有到期债权的，可以向法院提出执行申请，法院应当向该第三人发出履行通知。该第三人，即次债务人有权提出异议。这种异议具有停止执行措施的效力，因法院不得进行实质审查，即停止对到期债权的执行。申请执行人若有争议，可以根据我国《合同法》的规定提起代位诉讼。这种代位诉讼，于我国台湾地区“强制执行法”第 120 条中也有规定。但是，如果到期债权之债务人，即次债务人未提出

① 施茂林、陈维钧主编：《详明六法全书》，世一文化股份有限公司 2015 年版。

异议而被执行时，我国大陆的法律及司法解释没有允许其提起异议之诉救济的规定。

2015年《民诉法解释》第501条修订为："人民法院执行被执行人对他人的到期债权，可以作出冻结债权的裁定，并通知该他人向申请执行人履行。该他人对到期债权有异议，申请执行人请求对异议部分强制执行的，人民法院不予支持。利害关系人对到期债权有异议的，人民法院应当按照民事诉讼法第二百二十七条规定处理。对生效法律文书确定的到期债权，该他人予以否认的，人民法院不予支持。"新修订的条文，对次债务人的异议权及其效力规定没有变化，但增加规定了"对生效法律文书确定的到期债权，该他人予以否认的，人民法院不予支持"。即到期债权为生效法律文书确定的债权，该次债务人之异议不发生效力。实际上，也是将实务中认可的规则写入司法解释条文中。

四、执行当事人适格救济

在上述执行救济之外还有一类当事人适格救济程序，这种救济包括债务人不适格异议之诉与债权人许可执行之诉。

（一）债务人当事人不适格异议之诉及其特征

债务人当事人不适格异议之诉，是指"对执行名义执行力扩张之特定第三人声请强制执行，而执行法院许可其执行，该第三人即为适格之执行当事人，然若该执行债务人之第三人主张非执行名义主观效力所及者，执行法院对之为强制执行，而第三人对其是否为执行名义执行力所及之人有争议"时，依法对债权人提起的异议之诉。[①]

债务人不适格异议之诉适用于执行名义执行力扩张的情形。执行当事人本限于执行根据（执行名义）所载之当事人，但是在特定情况下，法律允许扩张至执行根据权利义务之继受人。例如，胜

① 赖来焜：《强制执行法总论（下）》，元照出版公司2007年版，第634页。

诉的自然人死亡，其继承人继承其胜诉债权；胜诉的公司发生变更，分立为几个公司或者与其他公司合并，原公司被注销，原公司胜诉的债权被新公司承继；胜诉的债权人之将债权转移等，此时发生执行名义所载债权人的扩张。执行名义债务人的扩张情形，如执行根据所载之被申请执行人（债务人）为自然人时，该自然人死亡，有遗产，继承人不放弃继承时，执行根据之被申请执行人变更为继承人；依据执行根据，被申请执行人（债务人）为公司法人时，公司应被合并和分立而注销，该债务被新公司承继，此时发生执行名义所载债务人的扩张。

债务人当事人不适格异议之诉具有以下特征：第一，债务人不适格异议之诉的原告，为执行名义执行力扩张所及的债务人，被告为请求执行之债权人。第二，债务人不适格异议之诉的事由，是因债权人向执行法院提出变更、追加执行名义执行力扩张所及的第三人为被执行人的请求。如果执行法院认为有理，裁定允许的，债务人起诉主张其非执行依据执行力所及的适格债务人。第三，债务人不适格异议之诉必须在执行程序终结前提出。

此诉与债务人异议之诉不同，债务人异议之诉的特征如下：第一，债务人异议之诉的当事人分别为执行名义所载之债权人和债务人。第二，债务人提起异议之诉的事由，包括执行名义上的请求权全部或部分消灭，或者有妨碍债权人请求执行的事由发生。例如，因清偿、提存、抵销、免除、债权让与或债务承担等行为发生请求权全部或部分绝对或相对消灭；经债权人同意延期、债务人享有同时履行抗辩权等原因使得执行名义所载请求权暂时不得行使等。第三，异议事由一般须发生在执行名义成立后，且为新发生的事由。

债务人当事人不适格异议之诉与债务人异议之诉两者的区别，主要体现为异议主体不同。债务人异议之诉异议者通常为执行名义（执行根据）所载之债务人。但当发生执行名义债务人扩张之情形时，如果扩张之债务人对其主体资格无异议，而是对执行名义的执行力有异议，请求法院裁判执行名义所确定之义务，因清偿、提存、抵销、免除、混同、解除条件成就、和解、撤销权或解除权之行使、消灭时效完成、免除债务之法律实施等情况[1]，而不得为执行。而此诉之异议者为执行名义（执行根据）执行力扩张到的第三人。

此诉与第三人异议之诉也不同，区别也在于异议主体的差别。虽然两者异议的主体看起来都是执行债权人和债务人之外的第三人，但是债务人当事人不适格异议之诉的第三人是债权人申请，并被法院许可的执行名义效力扩张的第三人，该第三人认为自己非执行名义效力扩张之人，而提出异议之诉。第三人异议之诉的第三人是认为自己对执行标的物有排除强制执行的权利，故而提起诉讼者。因此，第三人异议之诉“在学理上亦称‘关于执行标的物之异议’”。[2] 受之启发，为标识其特征，笔者认为债务人当事人不适格异议之诉可以在学理上称为“关于执行根据扩张债务人主体之异议”。

第三人异议之诉具有以下特征：第一，第三人异议之诉的原告，为对强制执行标的享有足以排除强制执行权的第三人，被告为执行债权人或其权利继受人，如果被执行人也反对第三人的请求的，可一并列为被告。第二，异议事由与原执行名义无关，系对强制执行标的享有物权、债权或占有等原因而足以排除强制执行的事由。第三，须于强制执行程序终结前提起。

（二）债权人许可执行之诉

在我国台湾地区强制执行法学上，债权人许可执行之诉在体系上不属于执行救济。因为执行救济是法律为执行当事人及其可能涉及的案外第三人设置的权利保障程序，这种权利的客体既有程序性的又有实体性的，故而体现为程序上的救济及实体上的救济。实体上的救济体现为提起诉讼的权利，以我国台湾地区相关规定为例，

① 杨与龄编著：《强制执行法论》，中国政法大学出版社 2002 年版，第 191 页。

② 赖来焜：《强制执行法总论（下）》，元照出版公司 2007 年版，第 645 页。

包括第三人异议之诉及债务人异议之诉。这种异议之诉的客体是实体权利义务争议，目的是排除执行标的上的不当执行行为，维护自己的合法权益，或者排除执行名义的执行力，因债务人有消灭或妨害债权人请求权的事由发生。而债权人许可执行之诉的客体并不是实体权利义务之争是否排除执行标的上的执行行为，而是债务人是否适格。债权人许可之诉在我国台湾地区的诉讼法学上属于“当事人适格救济”之范畴。[①]

笔者认为债权人许可执行之诉应当属于实体上的救济，理由是：债务人的继受人是否适格，意味着执行名义载明的当事人以外的民事主体或承担或不承担实体义务，直接关系到债权人的请求权能否实现，因而该制度涉及的不是单纯的程序问题，而是实体争议。债权人许可执行之诉，“乃债权人对于执行名义所示债务人之继受人或其他因执行名义之效力扩张所及之人声请执行，经执行法院裁定驳回者，向执行法院对该执行债务人提起之诉讼而言”。[②]通常，债权人根据执行根据向执行机关申请执行，执行机关依法定程序实施执行行为。但有时，因债权人所申请执行之债务人是其认为的执行名义扩张之债务人，而法院经审查认为该债务人不适格，“非执行名义主观范围所及之人”，裁定驳回其执行申请时，法律所规定的申请人可以提起诉讼，获得法律救济。

执行当事人适格问题即我国大陆地区强制执行法规范中当事人的变更与追加中的变更。

五、其他实体性救济

根据我国台湾地区学者陈荣宗的学说，强制执行救济程序分为四类：[③] 1. 声请及声明异议；2. 债务人异议之诉；3. 第三人异议

① 赖来焜：《强制执行法总论（下）》，元照出版公司 2007 年版，第 631 页、第 638~639 页。

② 杨与龄编著：《强制执行法论》，中国政法大学出版社 2002 年版，第 125 页。

③ 陈荣宗：《强制执行法》，三名书局印行 1988 年版，第 141~238 页。

之诉；4. 其他救济之诉：优先受偿之诉、损害赔偿或返还不当得利之诉、请求国家赔偿。另外，在其著作“参与分配程序”中有参与分配之诉、对分配表异议之诉之救济程序。参与分配之诉因我国台湾地区“强制执行法”修订而取消，详见本节第三部分。

（一）优先受偿之诉

对执行标的物有优先权或担保物权的债权人，当执行债权人就该项执行标的物查封拍卖时，不得阻止其他执行债权人的强制执行，只能利用参与分配程序主张优先受偿分配。对有登记的不动产抵押权或者动产抵押权，其所担保的债权，债权人可凭登记簿上的登记声请参与分配而优先受偿。而对于没有登记的优先权，如动产质权或留置权，其债权人与执行债权人申请查封拍卖时，执行法院并不当然将其列为参与分配之债权，即使债权人声请参与分配，也不会当然依其声请列为优先受偿之优先权或担保物权而分配。在立法例上，日本《民事诉讼法》第565条及德国《民事诉讼法》第805条，专门就动产的担保物权和优先权的债权人设有优先受偿之诉制度，禁止此类债权人提起第三人异议之诉，以制止执行债权人的强制执行。

我国台湾地区“强制执行法”并无优先受偿之诉制度，如不允许动产质权人或留置权人于质物或留置物因受执行而将丧失占有时，可以提起第三人异议之诉，以保障其担保物权。而当质物或留置物的价值远超过所担保的债权时，若不许执行债权人将质物或留置物查封拍卖，则执行债权人的受偿机会无故受阻，也不公平。陈宗荣先生认为，可以考虑由执行法院认定其优先受偿权为条件，不许其提起第三人异议之诉，只有当执行债权人否认其优先受偿权时，应允许主张优先受偿之债权人对执行债权人提起确认优先受偿权存在之诉。

（二）损害赔偿或返还不当得利之诉

执行债权人如果故意或过失利用执行机关，以合法形式掩护不法目的而侵害执行债务人或第三人权利时，被侵害人可以按照其民法有关侵权的规定，由执行债权人负损害赔偿责任。例如，执行债权人明知财产属于第三人而故意蒙蔽执行机关查封、拍卖，致第三人权利遭受损害时，该第三人可依其“民法”关于侵权行为的规定起诉，请求损害赔偿。必要时，也可依其“民法”不当得利的规定起诉，请求返还不当得利。尤其是当第三人未能及时在执行程序终结前提起第三人异议之诉，而受到损害的，可对执行债权人提起诉讼，请求确认执行标的物所有权存在之诉，并请求损害赔偿或偿还不当得利。

（三）请求国家赔偿

我国台湾地区“国家赔偿法”实施后，公务员对于执行职务行使公权力时，因故意或过失侵害人民自由或权利时，国家应负损害赔偿责任。公务员怠于行使职务，致人民自由或权利遭受损害的同样适用。依其国家赔偿责任法相关规定，司法官与检察官如非因职务犯罪经判决确定有罪的，纵有因执行职务侵害自由或权利的行为，公务员及国家均不负担损害赔偿责任。即司法官和检察官有职务豁免权。但是，民事强制执行程序中的执行推事、执行书记官、执达员虽为法院人员，因其工作职务的性质属于行政工作性质，与审判或追诉工作职务性质不同，故不享有职务豁免。执行人员如有违法执行的行为，且有故意或过失的情形而侵害执行债权人、执行债务人或者第三人的自由或权利的，应由国家负损害赔偿责任。原则上，由国家对被害人负担损害赔偿责任，只有当执行人员有故意或重大过失时，赔偿义务机关对其有求偿权。另外，执行人员如果在执行程序中违法的，执行债权人、执行债务人或者第三人原则上应依其“强制执行法”第 12 条及其他救济方法先求补救，否则执行人员对被害人不负赔偿责任，然后，被害人才可向国家机关请求损害赔偿。

第三节　日本民事执行救济

根据日本《民事执行法》规定，日本强制执行程序中债权人、债务人及利害关系人，对执行机关的违法执行行为和不当执行行为，可以申请程序上的救济或者实体上的救济。程序上的救济有执行异议、执行抗告和分配异议申诉。实体上的救济有请求赋予执行签证之诉、执行签证赋予异议之诉、请求异议之诉（债务人异议之诉）、第三人异议之诉（还有《保全法》第45条）、分配异议之诉和收取诉讼。①

一、程序上的救济

（一）执行异议

日本《民事执行法》第11条、第23条及第182条、第191条为执行当事人及利害关系人设置了提出异议的救济机制，规定当事人或者利害关系人对执行法院或执行官的执行处分有异议的，有权向执行法院或执行官所属的法院提出，请求执行法院纠正。

其《民事执行法》第11条第1款规定："对于执行法院的执行处罚，不得提出执行抗告的，可以向执行法院申诉异议。对于执行官的执行处分极其怠慢，亦同。"该法第23条第1款规定，对于申请赋予执行签证的处分，若是法院书记官作出的，债权人可以向该书记官所属法院提出异议；若是公证人作出的，可向管辖该公证机关所在地的地方法院提出异议。第182条规定，债务人或不动产所有人对不动产拍卖开始决定，可以以担保权不存在或消灭为由提出异议。第191条规定，对动产拍卖扣押，债务人或动产所有人，可以以担保权不存在或消灭为由提出执行异议。

① 参见白绿铉编译：《日本新民事诉讼法》《日本民事执行法》，中国法制出版社2000年版。

执行异议适用于执行程序问题，是法律为执行当事人设置的，当执行机构和执行员的执行行为不合法时有权提出的救济方式。从上述规定中可以看出，执行当事人对法院的处罚、法院执行处分行为不合法或懈怠、法院的执行签证行为不合法、拍卖开始决定不合法、拍卖扣押行为不合法等，有权提出异议。

（二）执行抗告

执行抗告，是指对判决以外之裁判，即决定及命令而提起的独立上诉。从日本《民事执行法》的规定来看，其执行抗告是指执行当事人对执行机构作出的裁判（执行机关出具的法律文书不是判决）、裁定、决定、命令不服而提出的异议，请求法院审查后作出裁判。根据该法第 10 条规定，抗告管辖法院为原审法院。日本《民事执行法》中关于抗告的规定很多，远多于异议的规定。其抗告又分为抗告和即时抗告。日本《民事执行法》第 10 条是关于执行抗告的提出、限期、管辖、抗告状理由、法院调查与审理以及抗告裁判的作出等。该法第 10 条第 8 款、第 12 条第 1 款、第 42 条第 7 款、第 45 条第 3 款、第 47 条第 5 款、第 51 条第 2 款、第 55 条第 5 款、第 74 条、第 75 条第 2 款、第 93 条第 4 款、第 97 条第 3 款、第 105 条第 2 款、第 117 条第 3 款、第 127 条第 3 款、第 132 条第 4 款、第 145 条第 5 款、第 154 条第 3 款、第 159 条第 6 款、第 161 条第 3 款、第 171 条第 5 款、第 172 条第 5 款是关于执行抗告的规定，第 115 条第 5 款、第 198 条第 2 款是关于即时抗告的规定。

根据日本民事诉讼法学，抗告分为普通抗告和即时抗告，普通抗告是指在提起期间上没有限定的抗告，只要存在撤销原判决的实际利益（抗告利益），当事人随时可以提起这种抗告。即时抗告是指法律予以规定的，特别条件下允许当事人提起的抗告。为了提高效率，其法律要求抗告人在（作为不变期间的）抗告期间（受到裁判告知之日起一周内）提起。同时，法律通常也认可这种抗告具有停止原裁判执行的效力。它们的区别在于：提起抗告有无时间限制，以及是否停止原裁判执行的效力，一般而言，即时抗告的情形都是由法律明确规定的。

另外，日本《民事执行法》对法院的执行行为及决定、命令等，不赋予当事人救济权利的，明确规定“不得声明不服”，这样从正反两个方面制定规则，使可救济与不可救济的界限非常清晰，这种立法技术值得我们学习。

二、实体上的救济

因强制执行以机构与执行名义作出机关权力分离的原则，因此，凡在执行程序中发生的实体权利义务争议，都应当以诉的方式请求救济。日本《民事执行法》中规定了以下几种实体性执行救济之诉。

（一）执行签证付与之诉

根据日本《民事执行法》的要求，实施执行措施，第一，需要有执行根据，称为执行名义，即债务名义①，且为执行名义正本；第二，通常，仅有执行名义正本还不够，还需要债权人申请法院付与执行签证。执行机关根据执行名义及其执行签证开始实施执行措施。小额诉讼判决及督促支付令例外。对此，日本《民事执行法》第25条规定：“强制执行的实施，应根据付与执行签证的债务名义的正本。但是，根据小额诉讼的确定判决或附有假执行宣告的小额诉讼的判决或者督促支付令，对于表示在其上的当事人或为其作的强制执行，则以其正本。”②

根据日本《民事执行法》规定，获得执行签证，就法院确定判决而言，需要债权人提出申请，由存有案件笔录的法院书记官付与。这种由公证人作出的，债务人服从强制执行的公证证书，又称

---

① 白绿铉编译：《日本新民事诉讼法》《日本民事执行法》，中国法制出版社2000年版，第210页。

② 白绿铉编译：《日本新民事诉讼法》《日本民事执行法》，中国法制出版社2000年版，第211页。

执行证书（在我国称为公证机构制作的赋予强制执行效力的债权文书），由保存其原本的公证人付与执行签证。对债权人之继受人的申请，或者债权人对债务人的继受人的申请，需要法院书记官或公证人审核确定后，付与执行签证。

付与执行签证是执行机关实施强制执行的必要条件，执行名义之债权人请求付与执行签证的申请，如果被执行机构拒绝，债权人之债权就无法通过法院强制执行实现。因此，法律赋予债权人向法院提出异议之权利。

付与执行签证异议的管辖法院，根据日本《民事执行法》第32条第1款规定，对申请付与执行签证的处分，如果是由法院书记官作出的，应当向该书记官所在法院提出异议；如果是付与执行效力的公证文书，付与执行签证的申请的处分应当是由公证人作出的，债权人即申请人应当向该公证机关所在地之地方法院提出异议。这种异议不是执行异议，因为“执行文的付与并不是执行机关的执行处分”①。

法院对执行签证付与异议的裁判，可以不经过口头辩论作出。对法院作出的这种裁判，日本《民事执行法》规定当事人不得声明不服。

但是，当债权人无法提出日本《民事执行法》第27条规定的证明文件时，其可以提起请求付与执行签证的诉讼。日本《民事执行法》第27条规定如下：“第一款　对于应由债权人证明事实到来的请求，只有在债权人提出证明事实到来的文书时，方可付与执行签证。”“第二款　债务名义所表示的当事人以外的人作为债权人或债务人的执行签证，只有在法院书记官或公证人认为很显然对于或为他进行强制执行时，或者在债权人提供证明其强制执行的文书时方可付与。”这种诉讼有以下几个特点：

第一，这种诉讼的原告是债权人，由于其付与执行签证的申请

---

① 江必新主编：《比较强制执行法》，中国法制出版社2014年版，第253页。

被拒绝而引起，被告是债务人。但是，此种诉讼不适用于债务人为不特定执行文的情形，“这是因为作为承继人的债务人是不确定的，诉讼状无法送达，期日的通知等无法进行”。[①] 第二，提起诉讼的目的是弥补不能提出证明文书的要件缺项。第三，此种诉讼所获得的胜诉判决并不能直接进入执行程序，还需要以此为凭据申请执行签证后才能进入执行程序，“原告应凭借该判决正本向付与机关提出执行文的付与申请”。[②]

（二）执行签证付与异议之诉

对债务人而言，债权人根据前述《民事执行法》第 27 条申请付与执行签证，债务人认为不符合规定，有异议时，可以提起执行签证付与异议之诉以请求救济。执行签证付与异议之诉“依据提出的证明文书付与了特殊执行文的场合，债务人以债权人为被告，主张债权人必须证明的事实未到来或者执行力扩张事由不存在，寻求作出对基于已付与了执行文的债务名义正本不许可强制执行的诉讼，称为对付与执行文的异议之诉”。[③]

此诉讼与执行签证付与之诉不同之处在于：

第一，此诉讼的原告是债务人，而执行签证付与之诉的原告是债权人。

第二，此诉讼提起的原因是债务人认为申请执行签证的债权人应当证明的事实未成就，或者执行力主观范围扩张不成立；而执行签证付与之诉提起的原因是债权人申请付与执行签证时，不能按照日本《民事执行法》第 27 条规定提供证明，证明法律所要求的事实成立，即“付与特殊类型的执行文（补充执行文、承继执行文、交替执行文、转换执行文）的申请在受理时，如果不能提出必要的符合特别要件的证明文书，债权人可以以债务人为被告，提出寻

① 江必新主编：《比较强制执行法》，中国法制出版社 2014 年版，第 254 页。

② 江必新主编：《比较强制执行法》，中国法制出版社 2014 年版，第 254 页。

③ 江必新主编：《比较强制执行法》，中国法制出版社 2014 年版，第 255 页。

求付与执行文判决之诉，以取代提出证明文书”。[①]

第三，此诉讼的目的是要求停止或撤销对其财产的强制执行，而执行签订付与之诉的目的是弥补不能提出证明文书的要件缺项。

（三）请求异议之诉（债务人异议之诉）

关于请求异议之诉，日本《民事执行法》第35条第1款规定：“债务人对债务名义（本法第二十二条第二项和第四项规定债务名义未被确定的除外）的请求权存在或其内容有异议时，可以不允许以该债务名义强制执行的请求异议之诉，对于审判以外成立的债务名义，债务人有异议的，亦同。”请求权异议之诉，即债务人对法院作出的确定判决债务名义或者法院外机构作出的裁决债务名义之请求权或者债务内容有异议时，请求法院排除强制执行的诉讼救济机制。“即使有债务名义但实际上权利不存在时，债务人可以提起请求‘异议之诉’的特殊诉讼，排除强制执行，请求救济。”[②]（日本《民事执行法》第35条）

“设立请求异议之诉制度是基于以下几个方面的需要：（1）对债务名义记载的请求权的存在与否及其内容的争议，或者对债务名义成立有关的问题主张异议；（2）一些情况下，如执行特定债权名义的执行将违反诚信原则或者导致权利滥用而不应被许可的情况下，法律上没有其他适当的救济方法；（3）对特定财产的债务名义，如船东对船舶享有的权利等，通过请求异议之诉排除该债务名义的执行。”

这种诉讼就是我国台湾地区“强制执行法”中的债务人之诉，其原告是执行根据上载明的债务人，或者债务人之承继人以及执行效力主观范围扩张之债务人，被告为执行根据上载明的债权人，或者债权人之承继人及执行效力主观范围扩张之债权人。债权人虽然

① 江必新主编：《比较强制执行法》，中国法制出版社2014年版，第254页。

② ［日］竹下守夫：《日本民事执行制度概况》，白绿铉译，载《人民司法》2001年第6期。

持有执行根据，但是基于债务已经履行、抵销、提存等事由，债权人的执行请求权已经消灭，这种情况下，如果其请求法院强制执行，债务人必然会拒绝。因此，法律为这种情况下的债务人设置了救济途径。因执行权与审判权不同，执行法院即执行员，其享有之权限不可及于实体性权益争议，故应由债务人向法院提起诉讼，由法院法官审理裁判。

（四）第三人异议之诉

日本《民事执行法》第 38 条第 1 款规定：“对于强制执行的标的物，第三人拥有所有权或其他妨碍标的物转让或者交付的权利时，可对债权人提起请求不准许强制执行的异议之诉。”此乃第三人异议之诉的规定。第三人异议之诉，是指强制执行的案外人，对强制执行标的物主张所有权，或主张具有执行标的物不可转让或交付的权利遭到拒绝时，可向法院起诉，请求排除执行标的物上执行的救济机制。

第三人异议之诉由执行法院行使管辖权，属于专属管辖，便于法官审理裁判。

第三人为这种诉讼的原告，被告为请求强制执行的债权人。如果债务人的主张与第三人不同，那么第三人也可以将其作为被告，法院既审理第三人与债权人对执行标的物权属之争议，也一并审理第三人与债务人对执行标的物权属之争议。即日本《民事执行法》第 38 条第 2 款所规定：“前款规定的第三人，可以同前款诉讼一并提起对于债务人强制执行标的物的诉讼。”此种情形下，形成了两个诉讼的合并，一个是第三人对债权人的诉讼请求，另一个是第三人对债务人的诉讼请求。

我国最高人民法院 2015 年《民诉法解释》第 307 条也有类似规定，只是立法语言表达有差异，该条规定：“案外人提起执行异议之诉的，以申请执行人为被告。被执行人反对案外人异议的，被执行人为共同被告；被执行人不反对案外人异议的，可以列被执行人为第三人。”

（五）分配异议之诉

民事强制执行，当债权人为多数时，他们先后取得执行根据。当一个债权人申请对同一债务人的财产强制执行时，其他的、后来的持有执行根据的债权人是否可以参加进已经开始的强制执行程序中，与在先的据以加入执行程序的债权人共同对债务人的责任财产强制执行？债务人财产不足以清偿所有债权人的债权时，众多债权人是否将根据各自不同债权额按比例受偿，即债务人之财产是否应当在各债权人之间按比例分配？对此，不同国家的强制执行法或者民事执行法采用了不同原则，其他债权人可以加入已经开始的债权人的执行程序中参与分配的，在强制执行法学上被称为平等主义；其他债权人不可以参与到他人已经开始的执行程序中参与分配的，被称为优先主义。当债务人财产不足以清偿已申请执行的债权人的全部债权时，参与分配的债权人在一定时期内成为一个团体，以参与分配方式，按照各债权人之不同债权额，按比例平均受偿，未受偿部分在该期限以后的财产分配中享有优先受偿权，这被称为团体优先主义。日本《民事执行法》采用平等主义。

"日本《民事执行法》规定，在受分配的债权之中，如果有担保权的优先权的债权人，遵照实体法的规定，首先他们优先受到分配，而在没有优先权的一般债权人之间，原则上采用平等主义。但是，由于参加的债权人资格和参加的时期不同，因标的物是不动产（日本《民事执行法》第51条、第188条）、动产（日本《民事执行法》第133条）还是债权及其他财产权（日本《民事执行法》第154条）而有不同的规定。其他债权人参加已经开始的民事执行程序叫作'要求分配'。"①

根据日本《民事执行法》第51条、第133条、第154条、第188条（这个条文不对，可能作者的文章就错了）规定，对动产、

① ［日］竹下守夫：《日本民事执行制度概况》，白绿铉译，载《人民司法》2001年第6期。

不动产和其他债权强制执行时，持有可以申请强制执行的债务名义正本的债权人、在强制拍卖开始决定的扣押登记后假扣押登记的债权人，以及按照法律规定有证明文件证明具有一般优先权的债权人，都可以提出分配要求。执行法院经审查，认为不符合条件的作出驳回申请参与分配的裁判。对法院驳回分配要求的裁判，申请人可以提出执行抗告。

与执行抗告不同，日本《民事执行法》第 89 条规定：债权人或债务人对分配表上的债权或分配金额不服时，可以在执行分配日之前提出分配异议申诉。第 90 条第 1 款规定：那些提出分配异议申诉的债权人及对于不持有执行力的债务名义正本的债权人提出分配异议申诉的债务人，应当提出分配异议之诉。[①] 对持有具有执行力债务名义正本的债权人，债务人提出分配异议的申诉，必须提起分配异议之诉。所以，分配异议之诉就是指债权人或债务人，对分配表所登记的债权或分配的金额有不同意见时，有权提起诉讼，请求法院审理裁判。

分配异议之诉由执行法院专属管辖。原告在第一次口头辩论七日内没有到庭时，除不能归责于原告的事由外，法院必须驳回原告提起的诉讼。法院对分配异议之诉作出支持原告的判决，要变更分配或重制新的分配表时，必须撤销原分配表。

“分配异议之诉作出的认可请求判决的效力，对于债权人之间发生的诉讼和债务人、债权人之间发生的诉讼是不同的。首先债权人之间发生的诉讼，判决效力具有相对性，不及于其他债权人，也就是说，原告被认可的请求所指向的、有争议的分配部分另行分配的时候，因其他债权人的债权并没有被考虑，因而争议的分配部分在原告享有的债权额的限度内分配给原告，如果有剩余部分，则应

① 参见白绿铉编译：《日本新民事诉讼法》《日本民事执行法》，中国法制出版社 2000 年版。

返还债务人。”①

参与分配执行抗告与参与分配异议之诉是两种不同的救济机制，主要区别如下：第一，适用主体不同，参与分配执行抗告适用于假扣押登记的债权人以及具有一般优先权的债权人，而参与分配异议之诉适用于债权人及债务人；第二，针对情形不同，参与分配执行抗告适用于抗告人认为执行法院不应当驳回其参与分配申请的情形，而参与分配异议之诉适用于债权人或债务人认为执行法院制作的分配表所登记的债权或者分配金额有不当的情形。

（六）收取诉讼②

日本《民事执行法》第157条规定，金钱债权的债权人可以在冻结的命令送达一周后，向债务人收取作为债权的金钱。由于被执行的债权是采取最普遍的变价方法来取得的，所以，日本《民事执行法》就规定作为执行的效果就是认可执行债权人有提取权。这样一来，债权人就可以采取执行措施自然取得回收权。回收权是为了实现被强制执行债权的变价，作为冻结的一种效果而被承认的。

回收的方法首先是催告第三债务人履行债务，以获得任意清偿，但在不能得到任意清偿时，冻结债权人可以将第三债务人作为被告，以自己的名义提起回收诉讼。该诉讼的标的物是债务人持有的对第三债务人的债权（被冻结的债权），执行债权人提起这种诉讼就属于第三人诉讼担当的一种情况。

第四节 韩国民事执行救济

从韩国民事执行法学来看，第一，有关于执行文的救济，包括

① 江必新主编：《比较强制执行法》，中国法制出版社2014年版，第260~261页。

② ［日］竹下守夫：《日本民事执行法理论与实务研究》，刘荣军、张卫平译，重庆大学出版社1994年版，第144~146页。

债权人对执行机关赋予执行文的处分决定异议、债务人对赋予执行文决定异议，债务人不服赋予债权人执行文决定的异议之诉、债权人请求赋予执行文的诉讼四种机制。既包括程序性救济又包括实体性救济。第二，关于对执行机关违法执行和不当执行的救济，包括即时抗告、异议申请、请求异议之诉、第三人异议之诉。第三，对采取强制管理的第三人异议之诉。第四，对假留押命令的救济，包括债权人即时抗告、债务人异议申请。

上述分类是以救济客体为划分标准的。

在韩国的民事执行法学教材中，执行救济分为两部分，一部分是在执行文制度框架下的赋予执行文的救济，另一部分是单列出来的执行救济。

这些救济机制以程序性还是实体性为标准，可以分为程序性的救济与实体性的救济两类。“韩国民事执行法针对违法的强制执行规定了即时抗告和执行异议两种救济制度（《民事执行法》第15条、第16条）；针对不当执行规定了请求异议之诉和第三人异议之诉两种救济手段（《民事执行法》第44条、第48条）。除此以外，在各种具体的执行程序中还分别针对具体的情况设立了救济手段。”①

一、程序性执行救济

（一）执行异议申请

执行异议申请，是指民事执行法设定的，执行当事人或案外第三人认为执行法院作出的执行程序性裁判不当，或执行官的处分行为违反程序法律规范时，抑或执行机关消极执行时，可以向执行法院提出异议的程序性救济制度。

执行异议申请与执行即时抗告是韩国《民事执行法》规定的两种程序性救济制度，这两种程序性救济制度的关系不是前后衔接

---

① 江必新主编：《比较强制执行法》，中国法制出版社2014年版，第311~312页。

的关系，即非两级救济的关系，而是同级并列，适用于不同情形的两种不同救济制度的关系。以前的韩国《民事诉讼法》规定，异议人对执行异议裁判不服的，异议人可以提起即时抗告，但是后来韩国《民事诉讼法》修改取消了即时抗告进一步的救济。由此可见，法律修改使程序较以往简洁，有利于提高执行效率。但是，为了有利于给异议人提供程序保障，韩国《民事执行法》规定，"审理执行异议的结果是撤销了执行程序，那么对该决定可以提起即时抗告"①。

"《民事执行法》第 16 条第（1）项规定，认为不能提起即时抗告的执行法院的有关执行程序的裁判和执行官的执行处分以及执行官应遵守的执行程序违法的，可以向法院提出执行异议申请(以下简称执行异议)，要求予以更正。对于执行机关消极地不作出执行处分违反法律规定的，也可以通过执行异议主张权利。"②韩国《民事执行法》第 16 条第 1 款规定："对于执行法院作出的执行程序的裁判之中不得提出即时抗告的裁判、执行官的执行处分、执行官要遵守的执行程序，可以向法院提出异议申请。"同时，韩国大法院的《民事执行规制》第 15 条第 2 款要求当事人、第三人根据这款规定提出异议申请，应具体表明异议的理由。③ 第 15 条第 3 款规定："执行官拒绝接受执行委任或迟延执行行为或者对执行官计算的执行手续费有争议的，可以向法院提出异议申请。"④

执行异议申请的主体。执行异议申请之主体包括债权人、债务

① ［韩］姜大成：《韩国民事执行法》，朴宗根译，法律出版社 2010 年版，第 170 页。

② 江必新主编：《比较强制执行法》，中国法制出版社 2014 年版，第 314 页。

③ 《韩国民事执行规则（2002 年 6 月 28 日大法院规则第 1762 号）》，金玄默译，北大法宝。

④ 《韩国民事执行法》，白绿铉译，载中华人民共和国最高人民法院执行工作办公室编：《强制执行指导与参考》2004 年第 4 集，法律出版社 2004 年版。

人以及案外第三人。

执行异议申请的事由。韩国《民事执行法》规定了分别适用于债权人、债务人、第三人等不同主体提出的执行异议的事由。从韩国《民事执行法》来看，包括债权人对执行机关赋予执行文的处分决定异议，债务人对赋予执行文决定异议，债务人对假留押命令的异议。有学者对不同主体的异议事由进行了具体归纳，债权人有以下原因的可以提出异议："（1）无正当理由拒绝接受执行委托或者未经债权人同意延期执行等耽误执行行为；（2）有可供扣留的财产，但以执行不能或超额押留等理由拒绝押留的；（3）无正当理由不能及时实施竞卖的；（4）虽不具备停止或撤销执行的要件，但违法停止或撤销执行的；（5）阅览执行记录或交付副本的请求被拒绝；（6）对执行官的执行费计算发生争议。"[①] 债务人有以下原因的可以提出异议——债务人认为有下列情况的可以申请执行异议："（1）执行官具有除斥原因（exclution）；（2）执行机关违反管辖范围的规定；（3）执行机关执行开始的要件有缺陷；（4）局部的执行行为有缺陷；（5）执行机关无视停止执行要件；（6）存在执行阻碍等事由。"[②] 案外第三人有以下原因的可以提出异议："（1）错误地将第三人当作债务人而被执行；（2）虽然拒绝交付财物，但仍被押留（《民事执行法》第191条）；（3）阅览执行记录或交付副本的请求被拒绝，可以提出（《民事执行法》第9条）。"[③]

执行异议由执行法院专属管辖，对执行法院自己当自己与当事人异议的裁判的程序设计，韩国学者指出："但这是不得已的选择，没有其他更好的解决办法。因为执行法院作为执行机关实施执

---

① ［韩］姜大成：《韩国民事执行法》，朴宗根译，法律出版社2010年版，第167页。

② ［韩］姜大成：《韩国民事执行法》，朴宗根译，法律出版社2010年版，第167~168页。

③ ［韩］姜大成：《韩国民事执行法》，朴宗根译，法律出版社2010年版，第168页。

行异议对象的执行行为，而且又作为民事诉讼法上的裁判机关审理申请的执行异议，因此它发挥双重机能。”①

笔者认为这种设计符合一般立法习惯，如果设计为其他法院管辖，势必会形成更加复杂的局面。

（二）即时抗告

即时抗告，是指执行债权人、债务人或第三人，认为法院作出的执行裁判有形式上或程序上的缺陷，根据法律规定向执行法院表示不服以求救济的制度。即时抗告也是法律赋予执行债权人、债务人、第三人的程序性的，对违法执行的一种救济手段。与执行异议申请不同的是法律规定适用的情形不同，即执行异议申请与执行即时抗告适用于不同的情形。

即时抗告适用的情形有 32 项之多，韩国《民事执行法》作了具体的规定：即时抗告应当以书面方式提出，对不提出抗告理由书的，法院应当作出驳回决定，对这一决定可以提出即时抗告；对法院撤销执行程序的决定可即时抗告；债权人未预交执行费被赋予驳回执行申请或撤销执行程序决定时可即时抗告；对驳回明示财产命令的决定可即时抗告；对驳回明示财产命令申请异议的决定可即时抗告等。②

即时抗告由作出被抗告的执行处分的法院管辖，以便审理。

二、实体性执行救济

因民事执行法以审判机关与执行机关相分离为原则，即民事执行机关之职权仅限于实施执行行为、对当事人或案外当事人的异议作出裁判，对实体性的争议则无权裁判，因此，当执行程序中发生实体性的异议、争议时，执行法律设置了诉的救济途径。韩国

① ［韩］姜大成：《韩国民事执行法》，朴宗根译，法律出版社 2010 年版，第 168 页。

② ［韩］姜大成：《韩国民事执行法》，朴宗根译，法律出版社 2010 年版，第 161～162 页。

《民事执行法》中规定的执行异议之诉有以下几种。

(一) 债权人请求赋予执行文之诉

"债权人请求赋予执行文之诉指负有举证责任的债权人不能证明一定的事项时，法律为债权人取得执行文而设立的救济手段。"[①]即当债权人不能根据执行法要求证明请求执行必需的条件具备时，或者执行法院也不了解这些必备条件是否成就或存在时，为获得执行文，法律设置的救济机制。这种诉讼与债务人异议之诉、第三人异议之诉有不同之处，其不是为了实体权利之有无而异议或争议，而是为了获得执行文以进入执行程序的诉讼。因此，"从赋予执行文的程序上而言，它是赋予执行文的特别程序，但从诉讼技能上而言，它又是一种救济制度"。[②] 也正因此，有学者未将其纳入执行救济之列。[③]

根据韩国《民事执行法》规定，债权人请求赋予执行文之诉适用于两种情形：第一，债权人不能证明申请执行条件成就，或者不能证明其为继受人，而无法获得执行文时，可以提起这种诉讼，以获得执行文。韩国《民事执行法》第 30 条第 2 款规定："如果执行判决有附条件的，债权人提出文书证明该条件已成就，方可赋予执行文。但是，执行判决以提供担保为条件，则不在此限。"[④]第二，债权人向法院事务官请求获得执行文，法院事务官作出拒绝赋予的决定，债权人因此提出异议，异议又被驳回时，可以提起这种诉讼。韩国《民事执行法》第 31 条规定："执行文可为判决所

---

① ［韩］姜大成：《韩国民事执行法》，朴宗根译，法律出版社 2010 年版，第 88 页。

② ［韩］姜大成：《韩国民事执行法》，朴宗根译，法律出版社 2010 年版，第 88 页。

③ 在江必新主编的《比较强制执行法》中，第四编"韩国民事执行法"之"救济制度"中的实体性救济中，只有请求异议之诉和第三人异议之诉。这表明作者未将债权人请求赋予执行文之诉以及债务人不服赋予债权人执行文决定的异议之诉列入。

④ 《韩国民事执行法》，白绿铉译，载中华人民共和国最高人民法院执行工作办公室编：《强制执行指导与参考》2004 年第 4 集，法律出版社 2004 年版。

表示的债权人的承继人而赋予或者为对于判决所表示的债务人的承继人执行而赋予执行文。但是，该承继是法院所周知的事实或者以证明书证明的为限。”①

因为这是一种诉讼，故有诉之性质的讨论，在韩国民事执行法学上有形成诉讼说、履行诉讼说和确认诉讼说三种不同的观点，即形成之诉、给付之诉与确认之诉三种不同的救济途径。

关于债权人请求赋予执行文之诉之当事人，原告是债权人或者其继受人，被告是债务人或者其继受人。

这种诉讼与我国《民诉法解释》第 306 条中规定的申请执行人提起的执行异议之诉不同，我国《民诉法解释》第 306 条规定的申请执行人执行异议之诉的前提，是对执行标的案外第三人提出异议，法院经审查认为异议成立的，裁定停止对异议标的的执行，此时，申请执行人不服而对案外人，或者对案外人及被执行人提起的诉讼。

（二）债务人不服赋予债权人执行文决定的异议之诉

债务人不服赋予债权人执行文决定的异议之诉，又称“债务人的付与执行文之异议之诉”或“赋予执行文异议之诉”，② 是指执行文赋予机关认为附条件执行案件的条件未成就，或者继受人作为债权人申请执行时，其继受人法律身份得以证明，对法院作出的赋予债权人执行文决定，债务人不服时，可以向法院提起诉讼，以资救济的制度。韩国《民事执行法》第 45 条是关于“赋予执行文异议之诉”的规定，该条中规定：“在本法第三十条第二款和第三十一条的情况下，债务人对于依据赋予执行文证明的事实而产生判

---

① 《韩国民事执行法》，白绿铉译，载中华人民共和国最高人民法院执行工作办公室编：《强制执行指导与参考》2004 年第 4 集，法律出版社 2004 年版。

② ［韩］姜大成：《韩国民事执行法》，朴宗根译，法律出版社 2010 年版，第 96 页；江必新主编：《比较强制执行法》，中国法制出版社 2014 年版，第 293 页；《韩国民事执行法》，白绿铉译，载中华人民共和国最高人民法院执行工作办公室编：《强制执行指导与参考》2004 年第 4 集，法律出版社 2004 年版。

决执行力或依据认定继承人而产生的判决执行力有争议时，准用本法第四十四条的规定。”其第44条是关于请求异议之诉的规定，该条第1款规定：“债务人对于根据判决所确定的请求提出异议之诉的，应向第一审法院提起有关请求异议之诉。”①

债务人不服赋予债权人执行文决定的异议之诉适用于以下两种情形：“一是以执行泉源的存在或执行文的方式等形式要件的缺陷为理由申请的异议；二是以债权人应负举证责任的条件的成就或继受事实的存在等实体要件的缺陷为理由提起的异议之诉。”即一是当执行根据的存在的形式要件有缺陷，或者执行文的方式有缺陷，认为法院不应当赋予执行文而错误赋予时而提起诉讼。二是申请执行根据是附条件的情况时，债权人应当向执行法院证明条件成就。若法院认为条件成就而赋予执行文，而债务人认为债权人证明条件成就的证据不足时，可以提起此种诉讼以资救济。或者作为执行依据债权人之继受人请求执行，执行法院认为证据充分而赋予执行文，但是债务人认为证明债权人为继受人的实体权利要件不足时，债务人可以提起此种诉讼，以资救济。

债务人不服赋予债权人执行文决定的异议之诉之原告为债务人，被告为债权人。从韩国《民事执行法》第44条第1款的规定来看，管辖法院是案件的第一审法院。

我国民事诉讼法与最高人民法院关于强制执行的司法解释中没有这种诉讼的救济机制（只提供了程序性救济途径）。在我国现有法律规定下，执行当事人、有关利害关系人对变更执行当事人有异议的，只能通过提出行为异议的形式予以救济。具体而言，将变更执行当事人作为执行行为的一种并适用《民事诉讼法》第225条之规定予以救济，无论是负责执行的人民法院根据执行当事人、利害关系人的申请裁定变更执行当事人，还是变更执行当事人的申请

---

① 《韩国民事执行法》，白绿铉译，载中华人民共和国最高人民法院执行工作办公室编：《强制执行指导与参考》2004年第4集，法律出版社2004年版。

未能得到支持，执行当事人均可以向负责执行的人民法院提出书面异议，对就此异议所作裁定不服的，向上一级人民法院申请复议。北京市高级人民法院出台了《关于民事执行中建立复议制度的若干规定（试行）》，从程序上赋予了追加、变更执行当事人复议的权利。

（三）请求异议之诉

请求异议之诉，即我国台湾地区强制执行法学中的债务人异议之诉，是指“债务人通过主张执行泉源所表示的实体法上履行请求权的消灭或者暂缓执行，以排除执行泉源所具有的执行力的一种手段”。即债务人主张执行根据所表示的实体法上的请求权已消灭，或者执行根据上的请求权尚不能行使，请求法院审理裁判以排除执行根据上的执行权的救济制度。这是法律赋予债务人对执行机关不当执行的救济手段。

请求异议之诉的价值在于保护已经履行义务的债务人的合法利益，适用于债权人债权已经以清偿、抵销、提存或让与等方式，而丧失请求法院强制执行的实质性权利的情形。此时，债权人不应当重复受偿，债务人不应当重复履行义务。为保护债务人的合法利益，法律设置了这种诉讼救济机制。

韩国民事执行法学教授评价：“这是在民事执行程序中规定的最具有典型意义的诉讼。”而我国《民事诉讼法》近十年来历经两次修订，强制执行编中仍然缺乏这种救济制度。那么，发生了同样的情况怎么办？只能依靠执行法官行使判断权，审查债务人的异议是否有理，以决定执行或者不予执行。

关于请求异议之诉的性质问题，韩国民事执行法学理论上有形成诉讼说、履行诉讼说、确认诉讼说和救济诉讼说几种学说。其中，履行诉讼说即我国民事诉讼理论上的给付之诉。

如前述概念所言，请求异议之诉适用于“实体法上履行请求权的消灭或者暂缓执行”，具体解释为三类：1. 请求权消灭，如债务已经履行、抵销、以物抵债，或者债务变更、减免、放弃、和解、取消、解除、执行时效届满、履行不能等。2. 请求不存在，如因代理的缺陷而导致的请求不存在、因违反公序良俗或虚假的债权债务而导致的无效等。3. 债务人执行适格丧失，如债权转让、债权人被宣告破产、因留押执行债权或设定质权而丧失对请求权的处分权。[①]

（四）第三人异议之诉

第三人异议之诉，是指执行案件之外的第三人，对被执行机关作为债务人责任财产，准备实施强制执行时的财产主张自己的权利，旨在排除执行而诉至法院请求审理裁判的救济机制。韩国《民事执行法》第48条第1款规定："当事人对于强制执行的标的物主张所有权或者主张具有阻止标的物让渡或引渡的权利时，可将债权人作为对象，提出强制执行异议之诉。但是，如果债务人争执该异议，把债务人作为共同被告。"[②] 第三人异议之诉，在韩国民事执行法学中又称"执行参加之诉"，因为"第三人以起诉的方式参加执行当事人之间的执行程序，故又称为执行参加之诉"。[③]

关于执行当事人异议之诉之事由，从前述规定来看有两类：一是案外第三人对强制执行的标的物主张所有权，二是主张具有阻止标的物让渡或引渡的权利。对此，韩国学者认为这样划分并不科学，"但事实上，所有权也是阻止标的物转让的一种权利，两者不存在本质上的区别"。[④]

此外，韩国《民事执行法》规定中还有一种对采取强制管理的第三人异议之诉，这种诉讼是指案件之外的第三人，认为被执行

① ［韩］姜大成：《韩国民事执行法》，朴宗根译，法律出版社2010年版，第179页。

② 《韩国民事执行法》，白绿铉译，载中华人民共和国最高人民法院执行工作办公室编：《强制执行指导与参考》2004年第4集，法律出版社2004年版。

③ ［韩］姜大成：《韩国民事执行法》，朴宗根译，法律出版社2010年版，第193页。

④ ［韩］姜大成：《韩国民事执行法》，朴宗根译，法律出版社2010年版，第193页。

机关实施强制管理的措施损害其利益，可以提起异议之诉以资救济的制度。对强制管理的第三人异议之诉与第三人异议之诉的实质相同，都是为了达到排除执行标的上的执行行为，以保护案外第三人之合法权益。

第五节　德国民事执行救济

德国民事执行救济也分为程序性救济与实体性救济两类，从德国《民事诉讼法》第八编“强制执行”的规定来看，其程序性救济措施有申请、抗辩与抗议，实体性救济有债务人异议之诉、第三人异议之诉、反对发给执行条款之诉、优先受偿之诉、多次扣押之诉、分配异议之诉等。

一、程序性执行救济

执行异议申请、异议及抗议。

根据德国《民事诉讼法》第732条的规定，债务人对法院发给债权人执行条款的适法性，可以提起抗议。由发给执行条款的法院对债务人的抗议审理裁判。法院在作出裁判前可以发出暂时命令，暂停强制执行程序，或者可以命令提供担保后继续执行。①

德国《民事诉讼法》第766条规定了“对于强制执行的种类与方式的抗议”，即申请、异议与抗议是对执行机关采取的强制执行的种类和方式，或者对于执行员在实施执行行为时应当遵循的程序所提出的不同救济请求。

另外，根据该条第2款规定，执行员拒绝接受执行委任，或拒绝依照委任实施执行行为时，或者对于执行员所计算的费用有权提

① 《德意志联邦共和国民事诉讼法》，谢怀栻译，中国法制出版社2001年版，第191页；《德国民事诉讼法》，周恒详译，未出版的交流资料，第93页。

出抗议。即执行抗议的主体除了执行当事人以外还有执行员。[①]

二、实体性执行救济

德国《民事诉讼法》“强制执行”编第767条、第731条、第768条、第771条、第805条、第856条、第878条[②]规定了实体性执行救济制度，有债务人异议之诉、发给执行条款之诉、反对发给执行条款之诉、第三人异议之诉、优先受偿之诉、多次扣押之诉、分配异议之诉等。

（一）债务人异议之诉

根据德国《民事诉讼法》第767条规定，债务人异议之诉是指执行程序中的债务人，对判决所确定的请求权本身有异议时，可以以异议的方式向第一审受诉法院提起。但是，这种异议之诉不是对判决所确定的权利义务不服提起的异议之诉，而是对其执行请求权本身的异议之诉。所以，该法第767条第2款规定，这种异议的原因是依照其民事诉讼法应该主张异议的言词辩论终结后发生的，而且是在不能依照声请恢复原状的方式提出的前提下，才可以提起的异议之诉。

即这种异议之诉是基于确定判决的言词辩论后发生的事由提起的。换言之，就是在确定判决的案件庭审结束后发生的事由，因为法院的确定判决以庭审结束前当事人提出的主张及证据为根据，不包括庭审结束后当事人之间权利义务变动的事由。例如，在债权债务纠纷诉讼中，确定判决庭审结束后或直至强制执行时，被告向原告履行了全部或部分还款义务，而原告仍然持判决申请强制执行时，债务人可以提起这种诉讼。

---

① 《德意志联邦共和国民事诉讼法》，谢怀栻译，中国法制出版社2001年版，第191页。

② 《德意志联邦共和国民事诉讼法》，谢怀栻译，中国法制出版社2001年版，第191页、第199页、第211页、第237页、第243页；《德国民事诉讼法》，丁启明译，厦门大学出版社2015年版，第187页、第188页、第207页、第242页。

德国《民事诉讼法》中的“声请恢复原状”是提起再审的一种方式，德国《民事诉讼法》第767条第2款规定的“不能依声请恢复原状的方式提出时”，才能提起异议之诉，是指非因认为被执行的确定判决有错误而提出，即提起诉讼的债务人不是提起再审之诉，而是因债权人的执行请求权有阻碍或排除的因素。

另外，德国《民事诉讼法》第785条规定的继承人的执行异议之诉属债务人异议之诉。执行程序开始后，债务人死亡的，根据该法第779条规定，已经对其实施的强制执行不停止，应当对其遗产继续执行。该债务人的继承人只在遗产范围内被执行，这种情形在德国《民事诉讼法》“强制执行”编中称为继承人在强制执行中的有限责任，如果超出继承人继承遗产范围执行的，该继承人可以提起债务人异议之诉。

德国《民事诉讼法》的这条规定更加具体，有的国家和地区并没有这种规定，这是因为从法律规定原理上可以推断出这种诉讼属于债务人异议之诉，此乃笔者不揣冒昧的观点。

（二）发给执行条款之诉

根据德国《民事诉讼法》的规定，债权人申请强制执行，应当向法院请求发给执行条款，执行条款是强制执行的必要条件。根据德国《民事诉讼法》第725条的规定，执行条款如下：“此项正本付与某某（指明当事人）以供强制执行之用。”对于法律规定的特定情况下的执行条款签发，即德国《民事诉讼法》第726条第1款规定的附条件给付的有执行力的正本，第727条规定的对诉讼承继人请求发给执行条款的正本，第728条规定的对后顺位继承人或遗嘱执行人发给有执行力的正本，第729条规定的对财产受让人与商号受让人发给有执行力的正本，若被拒绝时，可以向法院提起发给执行条款之诉。

（三）反对发给执行条款之诉

对债务人而言，如果认为法院发给某些特定的债权人的执行条款不符合法律规定的条件，可以德国《民事诉讼法》第768条规定提起诉讼。这些特定的债权人是指德国《民事诉讼法》“强制执行”编规定的：附条件给付的有执行力的判决正本、对诉讼承继人发给有执行力的判决正本、对用益权人发给有执行力的判决正本、对诉讼中的共同财产制的配偶财产执行时发给有执行力的判决正本、对夫妻共同财产制结束后发给有执行力的判决正本、对夫妻共同财产制下的财产的强制执行发给的执行力正本、为遗嘱执行人而对其发给有执行力的正本等。

有执行力的正本与执行条款的关系，从德国《民事诉讼法》第724条和第725条的规定来看是这样的：执行条款附记在判决正本末尾，由法院书记官署名并盖章，即判决正本是执行条款的载体。

发给执行条款之诉与反对发给执行条款之诉，在日本、韩国和我国台湾地区的相关法律中都有规定，只是名称不同。这两种执行救济诉讼都是关于执行当事人主体资格争议的救济诉讼。

（四）第三人异议之诉

根据德国《民事诉讼法》第771条的规定，执行程序中的案外人，即第三人对作为强制执行的标的物有阻止让与的权利时，可以向事实强制执行的地区的法院提起异议之诉，这种异议之诉被称为第三人异议之诉。

根据该法第772条规定，当执行标的物属于其《民法典》第135条、第136条规定的特定禁止让与的财产时，有法律关系的案外第三人可以提起第三人异议之诉。

根据该法第773条规定，按照其《民法典》第2115条对前位继承人的强制执行处分规定，在后顺位继承开始时，让与或交付属于先顺位继承财产的标的物，对后顺位继承人无效时，不得通过强制执行让与或交付此项标的物。后顺位继承人可以提起第三人异议之诉。

根据该法第774条规定，对夫妻共同财产强制执行时，如果针对夫妻一方财产的关于共同财产的判决对另一方无效时，另一方配偶可以提起第三人异议之诉。

德国强制执行程序中的第三人异议之诉，与日本、韩国及我国台湾地区的相关法律法规相比，规定更加具体。即德国的强制执行第三人异议之诉规定列举得更细化。

(五) 优先受偿之诉

根据德国《民事诉讼法》第 805 条的规定，当强制执行债权人为两个以上时，对主张享有优先受偿权的债权人与其他债权人有争议时，该债权人可以提起优先受偿之诉。该条还规定了优先受偿之诉的管辖法院为执行法院。如果诉讼是对债权人和债务人提起时，他们为共同诉讼被告。言外之意，享有优先受偿权的债权人也可以以债权人为被告，在债务人不反对其优先受偿权的情况下。

此外，德国《民事诉讼法》“强制执行”编中还有分配异议之诉、多次扣押之诉、利益给付之诉实体性救济制度，在德国《强制拍卖与强制管理法》中也有相同的程序性救济制度。

本章小结　综上所述，对执行当事人或利害关系人提出的程序上的异议，执行法院或执行机关有权径直判断。异议有理者，执行机构应当支持异议人的请求，撤销或更正原处分或程序；异议无理、不成立者，执行机构予以驳回。对执行当事人及利害关系人所行使的程序异议权，执行法院不需要行使审判权审理后作出裁判。这是因为，程序性的异议的客体非实体性权利，而是程序性的问题，如认为执行方法或执行程序违背法律规定，或者执行机关怠于行使权力，应当为而不为某种行为等。

但是，对当事人或利害关系人提出的实体性的异议，如执行当事人以外的第三人对执行标的物主张权利，那么应当由谁来判断其有理或无理，是否应当排除执行标的物上的执行行为？此事涉及执行机关的性质和权限问题。执行机关非裁判机关，实体性权利义务争议请求法律救济的，应当在诉讼程序经过双方当事人举证质证和言词辩论程序，最后由裁判机关作出裁决。

审判权与执行权属于性质不同的权能，虽然在我国两者均由人民法院行使，但并不因此而性质同一。

第四章　我国执行救济制度的进步与不足及审判权与执行权界域的完善

第一节　执行救济规范之进步评价与不足分析

一、我国执行救济制度规范之进步

(一) 逐步实现执行程序中的审执分离

自 2007 年《民事诉讼法》修订开始，秉承执行权与审判权相分离原则，执行权与审判权应在各自范畴内各司其职，相互不得僭越的理念，《民事诉讼法》第 227 条确立了案外人异议之诉的救济制度，纠正了执行人员行使审判权处理执行程序中发生的实体权利争议的错误理念，实质意义上的审执分离始兴。2008 年最高人民法院的《执行程序解释》又明确了申请执行人执行异议之诉救济制度与分配方案异议之诉救济制度。至此，初步构建起我国民事强制执行实体性救济制度体系。

从 1982 年的《民诉法（试行）》到 2015 年最高人民法院对 2011 年修订、2012 年实施的《民事诉讼法》作出的新司法解释《民诉法解释》的历程来考察，三十多年来，我国强制执行中的执行救济制度逐步发展、丰富，审执分离的理念逐步渗透、确立。现行《民事诉讼法》及其各部司法解释，基本构筑了我国民事诉讼法中强制执行法律规范的执行救济体系，有程序性的救济，也有实体性的救济。对执行程序中发生的程序性问题，法律和司法解释赋予了当事人、案外利害关系人异议、复议的权利和途径；对因执行标的而在执行当事人或案外利害关系人之间发生的实体权利义务争议，赋予了他们提起诉讼请求审理裁判的权利。

（二）初步构建执行救济体系

强制执行救济体系包括程序性救济与实体性救济。考察国外相关经验，程序性救济包括声明异议、异议、抗告。实体性救济通常包括债务人异议之诉、当事人异议之诉、分配表异议之诉，更广义的还包括执行许可之诉、债务人当事人不适格异议之诉、次债务人当事人异议之诉、请求赋予执行文之诉，以及优先受偿之诉、执行损害赔偿之诉、请求国家赔偿之诉等。

2007 年《民事诉讼法》修订之前，我国执行救济机制仅有异议和复议，没有诉的救济，也就是不论是程序性问题，还是实体性争议，均由执行机关和执行人员予以裁断、处理。执行当事人及利害关系人之实体权益争议缺乏必要的诉讼程序保障。2007 年《民事诉讼法》修订后设置了案外人异议之诉（第三人异议之诉），2008 年最高人民法院《执行程序解释》明确了申请人请求执行异议之诉和分配方案异议之诉（分配表异议之诉）。虽然债务人异议之诉仍然缺位，以及其他延伸性的诉的救济也尚未明确，但是毕竟初步建立了执行救济体系。

（三）确定执行标的灭失赔偿诉的救济

2015 年《民诉法解释》第 494 条规定："执行标的物为特定物的，应当执行原物。原物确已毁损或者灭失的，经双方当事人同意，可以折价赔偿。""双方当事人对折价赔偿不能协商一致的，人民法院应当终结执行程序。申请执行人可以另行起诉。"与之前的司法解释相比，执行中发生或发现原物毁损时，因执行当事人双方无法就折价赔偿价格协商一致时，该司法解释首次确定：

第一，执行程序终结；第二，所引起的赔偿纠纷，由当事人另行起诉解决。

1992 年最高人民法院《民诉适用意见》第 284 条仅规定"执

行的标的物为特定物的，应执行原物。原物确已不存在的，可折价赔偿”。1998 年最高人民法院《执行规定》修改为：“生效法律文书确定被执行人交付特定标的物的，应当执行原物。原物被隐匿或非法转移的，人民法院有权责令其交出。原物确已变质、损坏或灭失的，应当裁定折价赔偿或按标的物的价值强制执行被执行人的其他财产。”

以我们现在的执行法学理念来检验，这种规定使执行人员行使了审判法官享有的审判权，发生了权利配置错误。《民诉法解释》首次明确执行标的物毁损或者灭失的案件，不再强制执行，即执行程序终结，折价赔偿应当经过当事人双方达成一致意见。执行法官及执行员无权裁判毁损或者灭失的标的物之价值，无权委托评估或自行评估，不得自行委托评估、评价后执行被执行人的其他财产，以赔偿灭失财产价值。执行法官只能在法定范围内行使强制执行权，不可逾越，不可越界行使实体性裁判权。这样的权利配置定位是合理的。

（四）确定他人持有被执行财物毁失赔偿的诉的救济

同理，该司法解释第 495 条规定：“他人持有法律文书指定交付的财物或者票证，人民法院依照民事诉讼法第二百四十九条第二款、第三款规定发出协助执行通知后，拒不转交的，可以强制执行，并可依照民事诉讼法第一百一十四条、第一百一十五条规定处理。”“他人持有期间财物或者票证毁损、灭失的，参照本解释第四百九十四条规定处理。”即作为执行标的的财物或者票证在他人持有期间毁损、灭失的，当事人之间可以协商折价赔偿，协商不成的，执行程序终结，执行申请人另行起诉。

此条解释在 1992 年《民诉适用意见》第 291 条原本这样规定：“有关单位和个人持有法律文书指定交付的财物或者票证，因其过失被毁损或灭失的，人民法院可责令持有人赔偿；拒不赔偿的，人民法院可按被执行的财物或者票证的价值强制执行。”也是理念上审执不分，执行人员行使了审判人员才可行使的实体审判权。故根据审执分离原理，《民诉法解释》作了修改。

然而，申请执行人起诉谁？此条款文字表达并不清晰。笔者认为从原理来推断，应当起诉被申请执行人。因为持有人是协助执行义务人，对法院负协助执行义务，非执行债务人，与申请执行人有法律关系的是被申请执行人。另行起诉，被申请执行人赔偿后，被申请执行人可以再诉持有人赔偿。根据无独立请求权第三人制度，在申请执行人诉被申请执行人的赔偿诉讼中，可以申请法院将持有人列为无独立请求权的第三人。

另外，《民诉法解释》第495条第3款还规定："他人主张合法持有财物或者票证的，可以根据民事诉讼法第二百二十七条规定提出执行异议。"那么，根据《民事诉讼法》第227条规定，主张所持有财物或票证的他人的异议被驳回的，该他人还可以提起案外人异议之诉。这款规定是针对持有执行标的物的案外人认为自己持有合法的，即对其持有的、被作为执行标的物的财物有权提出异议。

（五）完善了已执行标的被妨害的救济机制

《民诉法解释》第521条规定："在执行终结六个月内，被执行人或者其他人对已执行的标的有妨害行为的，人民法院可以依申请排除妨害，并可以依照民事诉讼法第一百一十一条规定进行处罚。因妨害行为给执行债权人或者其他人造成损失的，受害人可以另行起诉。"这条规定是针对强制执行行为完成，执行程序终结后对申请执行人权益的延伸保护，排除他人对执行标的的妨害行为。这条规定源于1992年最高人民法院《民诉适用意见》第303条，该条规定："在人民法院执行完毕后，被执行人或者其他人对已执行的标的有妨害行为的，人民法院应当采取措施，排除妨害，并可以依照民事诉讼法第一百零二条的规定处理。因妨害行为给申请执行人或者其他人而造成损失的，受害人可以另行起诉。"《民诉法解释》规定对执行程序结束后，被执行人或者其他人对执行标的的妨害行为仍然应当有权排除妨害，但是这种权利行使是否有时限？有多长时限？原《民诉适用意见》对此并没有规定，这显然不合理，法院不可能在执行程序结束后仍然无限期地保护执行标的，无限期地为之排除妨害。因此，《民诉法解释》规定了六个月的期限，对执行标的给予执行程序结束后一定期间的延伸保护，然而此种保护仅限于排除妨害。对妨害行为给申请执行人或其他人造成损害的，执行法院或此案执行机构不再行使任何权利，受害人应当另行起诉。

然而，这种延伸性的司法保护与法理有悖，因为执行程序已经终结，执行法院与执行法官的工作已经结束，不再享有强制执行权能。早在 1992 年，最高人民法院通过民事诉讼法解释权就确定了此制度，2015 年《民诉法解释》完善、延续了此条规定。对此，最高人民法院法官如此说明："本条文规定的制度是法理与现实因素协调的结果。就法理来说，执行终结意味着生效法律文书的实现，之后执行标的被妨害，是一个新的侵权事实。当事人如果想寻求执行程序的公力救济，需要取得新的执行依据。……这不仅增加了申请执行人的讼累，也增加了人民法院的审判负担。这考虑法理与现实因素，规定了该项制度。"① 对这种延伸性保护，司法解释者说明其主要适用于两种情形："一是再次侵占被腾退不动产的情形，二是被执行人再次违反容忍义务。"②

笔者认为，《民诉法解释》仍然保留了延伸性保护规定，并修正了原规定的不足之处，有现实意义，它回应了快捷处理纠纷的现实需求，有利于快速高效解决争议。但是，其学理上的正当性值得进一步研究。

---

① 沈德咏主编，最高人民法院修改后民事诉讼法贯彻实施工作领导小组编著：《最高人民法院民事诉讼法司法解释理解与适用（下）》，人民法院出版社 2015 年版，第 1378~1379 页。

② 沈德咏主编，最高人民法院修改后民事诉讼法贯彻实施工作领导小组编著：《最高人民法院民事诉讼法司法解释理解与适用（下）》，人民法院出版社 2015 年版，第 1378 页。

（六）确定了债权人执行异议之诉制度

债权人执行异议之诉，是2008年最高人民法院通过《执行程序解释》确立的一种执行救济制度，用以保护执行根据之债权人的合法权益。这是一项新的执行救济之诉制度，但有以下几个问题：

1. 称谓混乱应予纠正。该诉在《执行程序解释》中最初确立时，多被称为债务人“许可执行之诉”制度，但在2011年最高人民法院《民事案件案由规定》中被称为“申请执行人执行异议之诉”，在2015年最高人民法院《民诉法解释》第306条中被表述为“申请执行人提起异议之诉”。债权人异议之诉、申请人异议之诉、申请执行人执行异议之诉、许可执行之诉，应当适用哪个名称？理论界和实务界都有点混乱。

笔者认为，应称“债权人执行异议之诉”，而不可称“许可执行之诉”，理由如下：

第一，理论上“许可执行之诉”专指我国台湾地区“强制执行法”中的关于执行当事人主体是否适格的救济制度，而且这个名称也源于我国台湾地区的强制执行法学理论，此概念原本含义与我们的申请执行人可以提起的制度异议之诉有本质的区别，为避免混同不宜再用。

第二，海峡两岸法律学术交流与司法交往越来越多，为避免混同也不宜再用。这一理由早在《执行程序解释》发布不久就有学者指出：“为了避免语意上的混用，便于海峡两岸法律文化交流，笔者建议，在案外人异议问题上，申请执行人提起的诉讼应改为‘反对案外人异议之诉’或其他更好的称谓为宜。”[①] 笔者认为非常有道理。

值得注意的是，自2014年以来的法院文件开始弃用“债权人

① 黄奕新：《关于案外人异议之诉的程序设计》，2008年5月全国法院民事诉讼法（保全、执行部分）修改座谈会研讨会论文。

许可执行之诉”，转而使用“申请执行人执行异议之诉”，与2015年《民诉法解释》用语一致。由最高人民法院修改后民事诉讼法贯彻实施工作领导小组编著的《最高人民法院民事诉讼法司法解释理解与适用》一书中使用了“申请执行人执行异议之诉”的名称，表明“执行异议之诉可分为案外人执行之诉和申请执行人执行异议之诉”①。这意味着债权人“许可执行之诉”的称谓将被取代。

2. 诉之客体不明。关于债权人异议之诉，早有学者提出质疑，认为“许可执行之诉”的诉讼标的不合法理，理由是：一方面，从规定条文字面上理解，该诉讼的标的是“请求对执行标的许可执行”，依2008年的《最高人民法院关于适用〈中华人民共和国民事诉讼法〉审判监督程序若干问题的解释》第24条，这种诉讼性质上属于民事诉讼，但问题是在民事诉讼法学中，“当事人之间的实体法律关系”才构成诉讼标的，“请求对执行标的许可执行”是以法院行使执行权为请求内容的，怎么能成为当事人之间诉讼的标的呢？另一方面，从设计“许可执行之诉”的本意来看，当事人争议的“异议理由是否存在”，即“案外人对执行标的是否有实体权利（所有权、抵押权等物权）”才是诉讼标的，而非请求“法院对执行标的许可执行”；对执行标的要不要执行，是看执行程序中争议各方分别与法院发生的民事诉讼法律关系，而不是他们之间的民事关系。②

该诉讼之目的是解决申请执行人与案外人之间就执行标的能否执行的争议，而非其他。

3. 诉之性质待研究。这种债权人因案外人异议，法院认为有

① 沈德咏主编，最高人民法院修改后民事诉讼法贯彻实施工作领导小组编著：《最高人民法院民事诉讼法司法解释理解与适用（下）》，人民法院出版社2015年版，第823页。

② 张力：《对“许可执行之诉”的一点异议》，正义网—检察日报2008年11月17日。

理而裁定执行中止后引发的对案外人的诉讼，这种诉讼是我国民事诉讼法创设的一种诉讼，以保障申请执行人的合法权益，保障其实现债权，防止案外人滥用权力或者与被执行人串通恶意为之。但是，这种诉讼与通常的民事诉讼不同：

第一，原被告之间争议的不是他们之间的法律关系上发生的权利义务问题，而是争议被告主张排除执行的财产是否属于被执行财产，是否属于被申请执行人的责任财产的问题。被告是在原告的执行程序中，作为案外人，其主张被法院认定为强制执行的财产不属于执行债务人的责任财产，而属于其自身财产，经提起案外人异议，法院认为有理，排除对该执行标的的执行，裁定中止执行后，申请执行人以案外人为被告提起诉讼。

第二，原被告之间没有直接的法律关系，当被申请执行人反对案外人异议时也应当被列为被告，这种被告与原告之间也没有法律关系。反之，申请执行人执行异议之诉的被告与被申请执行人之间有法律关系争议，即他们对法院确定的被申请执行人的责任财产之所有权有争议，执行案外人主张为己所有，被申请执行人亦主张为己所有。与一般诉讼不同，原告在诉讼中不是主张自己在争议法律关系中的权利，而是主张为被申请人所有的权利，以便通过法院实现自己的债权。当被申请执行人反对申请执行人的主张时，即其与执行程序案外人一致主张被执行财产非其责任财产，而为申请执行人执行异议之诉之共同被告时，原告所主张的是被执行财产为被申请执行人所有，而非执行程序案外人所有。

这种诉讼属性如何？根据诉的分类理论，诉分为给付之诉、确认之诉、形成之诉（变更之诉）。诉的分类理论通常应用于形式原被告为他们之间的法律关系争议引起的诉讼，也应用于再审之诉这种既有程序上撤销生效判决的请求，又有实体上改判的请求的非常诉讼。因此，申请执行人执行异议之诉也可以以诉的分类理论予以定位，为确认之诉。

4. 与我国台湾地区“强制执行法”规定的“收取诉讼”不

同。收取诉讼，是“指第三人不承认债务人之债权或其他财产权之存在，或于数额有争议，或有其他的对抗债务人请求之事由时，于接受法院之收取命令，支付转给命令或交付命令后十日内以书状声明异议，而债权人认为不实时，请求法院以判决命该第三人为给付之诉讼而言”。①

我国台湾地区“强制执行法”第119条第1款规定：“第三人不承认债务人之债权或其他财产权之存在，或于数额有争议或有其他得对抗债务人请求之事由时，应于接受执行法院命令后十日内，提出书状，向执行法院声明异议。”② 该条第2款、第3款规定，第三人未声明异议，亦未按法院命令履行义务的，法院可强制执行。对法院强制执行，该第三人可以以第1款之事由提起第三人异议之诉。接着，该法第120条设定了债权人的救济，“第三人依前条第一项规定声明异议者，执行法院应通知债权人”，“债权人对于第三人之声明异议认为不实时，得于收受前项通知后十日内向管辖法院提起诉讼，并应向执行法院为起诉之证明及将诉讼告知债务人”。这种诉讼在我国台湾地区强制执行法学上称为“收取诉讼”。

收取诉讼的特点如下：第一，所针对的是债务人之债务人的权利或其他权利，债务人之债务人对债务或债务数额有异议，向执行法院提交异议书状，债权人认为不实时引起的诉讼。第二，具有执行救济诉讼的特点，与通常的诉讼不同，作为原告的执行债权人与作为被告的执行债务人的债务人之间没有权利义务关系。

收取诉讼与我国大陆强制执行措施对到期债权执行，因该债务人之债务人提出异议，致使法院停止执行后，申请执行人对被执行人之债权人提起的代位诉讼相同。

根据我国台湾地区“强制执行法”，收取诉讼也可以代位诉讼，即由债权人之继受人提起收取诉讼。我们的司法解释对此虽尚

① 杨与龄编著：《强制执行法论》，中国政法大学出版社2002年版，第534页。

② 林家祺：《强制执行实务教战》，翰艫图书出版有限公司2015年版。

无进一步的规定，但原理上相同，债权人之继受人也应当可以提起代位诉讼。

（七）完善了对被执行人到期债权的执行与救济

对被执行人到期债权的执行，是指对被执行人履行期限届满的债权实施强制执行措施。被执行人的享有到期债权的第三人即次债务人。

早在1992年最高人民法院发布实施的《民诉适用意见》第300条就规定："被执行人不能清偿债务，但对第三人享有到期债权的，人民法院可依申请执行人的申请，通知该第三人向申请执行人履行债务。该第三人对债务没有异议但又在通知指定的期限内不履行的，人民法院可以强制执行。"

1998年《执行规定》进一步详细规定了对到期债权执行措施的程序规范，并给该第三人设定了权利救济制度。《执行规定》第61条规定，当被执行人不能清偿债务时，法院可依被执行人对其享有到期债权的案外第三人发出履行义务通知。但是，为了保护次债务人的合法权益不受侵害，第63条规定案外第三人在法院履行通知规定的期限内有权提出异议，即次债务人有异议权。次债务人行使异议权，具有发生法院不可执行的法律效果，并且法院不得对其异议进行实质审查。因此，这条规定，客观上又为这些次债务人滥用权利提供了机会，以致第61条形同虚设。

1999年，我国《合同法》颁布实施，合同法中规定了代位诉讼制度，使被执行人有到期债权的申请执行人有了实体性救济途径，他们可以提起代位诉讼。

然而，代位诉讼耗时费力，若次债务人滥用权利，法律以及申请执行人将束手无策。为规制滥用异议权的次债务人，2015年《民诉法解释》第501条在原司法解释第300条的基础上，予以完善，其规定："人民法院执行被执行人对他人的到期债权，可以作出冻结债权的裁定，并通知该他人向申请执行人履行。该他人对到期债权有异议，申请执行人请求对异议部分强制执行的，人民法院不予支持。利害关系人对到期债权有异议的，人民法院应当按照民事诉讼法第二百二十七条规定处理。对生效法律文书确定的到期债权，该他人予以否认的，人民法院不予支持。”该司法解释规定弥补了原规定的缺陷，同时给各方当事人、利害关系人及次债务人以必要的保护机制。

二、我国执行救济机制尚存之不足

经过两次修法和司法解释的补充、完善，我国执行救济体系已经建立，但还有一些不足需要尽快补充，主要表现为债务人异议之诉、债权人许可执行之诉缺位。

（一）立法层面执行救济体系尚未建立

如前所述，我国执行救济制度的进步演变主要是通过最高人民法院司法解释来体现的，而非真正的法律发展变革。因此，严格意义上说，我国民事诉讼法之执行救济制度还很薄弱，尚未建立起自身体系。民事诉讼法中的执行救济只有执行异议、执行复议和执行监督的程序性救济，实体性救济只有案外人异议及异议之诉。而最高人民法院通过司法解释权代行了立法功能，另又规定了申请执行人异议之诉、次债务人异议及异议之诉、分配方案异议及异议之诉等。由此可见，我国《民事诉讼法》“强制执行”编亟须再次修改，以真正建立起我国的执行救济法律体系。但是，从我国的实际情况来看，再启动一次修法比较困难，另外，我国立法习惯于“少而精，简而明”，通过修法建立一套比较完善的执行救济体系有一定的难度。因此，强制执行法单独立法非常有必要。

（二）债务人异议之诉缺位

在人民法院强制执行实务中，常常有这类情况发生：法院作出具有执行力的终审判决后，义务人可能主动履行了生效裁判确定的义务，或者双方当事人自行协商执行方案，达成了和解协议。双方当事人按照和解协议履行完毕，或者履行了一部分。但是，有强制执行请求权的一方当事人又去法院申请强制执行，请求法院按照生效法律文书予以执行。此时，被申请执行人必然不服，向法院主张已经履行完毕和解协议，法院应驳回申请人之申请。和解协议未履行完毕的被申请人，也会不服，也会主张继续履行协议，请求法院驳回申请人之执行申请。

与20世纪80年代相比，我国民事诉讼法及其司法解释中执行救济规范越来越丰富，但相较于我国台湾地区“强制执行法”，我们还欠缺“债务人异议之诉”制度。关于债务人异议之诉，有两种截然不同的观点，早期的一种观点认为不必设置这种诉讼，[①] 后来又有很多专家学者认为应当设置，后一种观点成为时下主流的观点。

债务人异议之诉缺位，不仅是执行救济制度领域的一项不足，其实还涉及另一个理论界与实务界争议已久的问题，即执行和解协议是否可诉。此处的执行和解不是指具有执行请求权的债权人申请法院强制执行，进入执行程序后执行当事人双方达成的和解协议，而是案件并未申请强制执行，当事人为履行执行根据义务，或者为实现执行根据债权，自行达成的执行和解协议。关于这种执行和解协议发生纠纷以后是否可以提起诉讼解决，理论界一直争论不休，形成否定说与肯定说两种对立的观点，实务界也出现两种截然不同的态度，当事人起诉后，有的法院以违反既判力原理驳回，有的法院却认为是新的法律关系纠纷而审理裁判。[②] 持否定说者为多数，持肯定说者为少数。否定说符合“一事不再理”原则和既判力原理，肯定说则在一定程度上体现了公正价值。对这一难题，笔者认为如果设置了债务人异议之诉，或许可以顺便解决这一问题，或者至少可以打开问题死结。

---

① 朱淼蛟：《论完善我国执行救济机制——兼析绍兴中院的执行救济实践》，载张启楣主编：《执行改革理论与实证》，人民法院出版社2002年版，第270页。

② 刘仁海：《“一事不再理”的理论与现实——从履行生效判决的协议是否具有可诉性谈起》，载《中国审判》2009年第9期。

（三）缺乏当事人资格意义上的债权人许可执行救济与债务人异议之诉

债权人许可执行之诉是我国台湾地区“强制执行法”中的一种制度，与我国大陆最高人民法院2008年《执行程序解释》中规定的，当时被称为申请执行人许可执行之诉在本质上完全不同。债权人许可执行之诉，根据我国台湾地区执行法学原理，“乃债权人对于执行名义所示债务人之继受人或其他因执行名义之效力扩张所及之人之声请执行（强四之二），经执行法院裁定驳回者，向执行法院对该执行债务人提起之诉讼而言（强一四之一2）”①。我国大陆《民事诉讼法》“强制执行”编中没有这种救济之诉，在执行实务中，申请执行人为执行根据的债务人之继受人、为被执行人或者其继受人占有执行标的物之人、为他人而为原告或被告的该他人，提出申请执行时，这些继受人、占有人、“该他人”的法律地位就是被执行人，而他们是否可以作为被执行人，应当经法院审查，得到法院认可。但是，也有可能法院并不认可，此时申请执行人不服，有异议的，该如何救济？是否应给予救济？是给予程序性的救济还是实体性的救济？我国大陆民诉法及其司法解释没有这方面的救济规定，为一缺漏之处。

同样，我国《民事诉讼法》“强制执行”编中也缺乏当事人资格上的债务人异议之诉，即被执行人对于申请执行人，根据债务人之继受人或执行效力扩张关系申请执行有异议时，可以提起的诉讼。最高人民法院2016年司法解释《关于民事执行中变更、追加当事人若干问题的规定》（以下简称《执行变更、追加规定》）第10条规定：“作为被执行人的公民死亡或被宣告死亡，申请执行人申请变更、追加该公民的遗嘱执行人、继承人、受遗赠人或其他因该公民死亡或被宣告死亡取得遗产的主体为被执行人，在遗产范围内承担责任的，人民法院应予支持。继承人放弃继承或受遗赠人放

① 杨与龄编著：《强制执行法论》，中国政法大学出版社2002年版，第125页。

弃受遗赠，又无遗嘱执行人的，人民法院可以直接执行遗产。”“作为被执行人的公民被宣告失踪，申请执行人申请变更该公民的财产代管人为被执行人，在代管的财产范围内承担责任的，人民法院应予支持。”但是，对这种被执行人的救济途径设置为法院审理，作出裁定，当事人不服的可以在10日内向上一级人民法院申请复议。根据我国《民事诉讼法》的规定及我国民事诉讼法学原理，裁定、申请复议适用于程序事项，而这种裁定追加、变更的被执行人的法律关系基础为实体法律关系，非程序性事项。

虽然最高人民法院2016年《执行变更、追加规定》第32条、第33条确定了执行债权人与债务人异议之诉制度，但是这两种异议之诉并非我国台湾地区“强制执行法”所制定的执行当事人主体资格意义上的诉讼，而是根据我国大陆法律规定和最高人民法院的司法解释规定，对被执行人负有连带责任的出资人，在强制执行程序中被执行机关裁定追加为执行程序中的债务人不服而提起的异议之诉，以及申请追加这种被执行人的申请被驳回后，申请执行人，即债权人提起的异议之诉。这两种诉形式上虽然与当事人资格意义上的债权人许可执行之诉很相近，但有实质上的差别。当事人资格意义上的债权人许可执行之诉，是债权人对执行名义所示债务人之继受人或其他因执行名义效力扩张所及之人申请强制执行被法院驳回而提起的，是以该继受人或执行力扩张之人为被告提起的诉讼。《执行变更、追加规定》第32条规定的申请执行人异议之诉的被告，非法定的继受人或执行名义扩张之人，而是执行机关行使执行裁定权确定的对被执行人所负债务有连带责任的当事人。

（四）与执行救济相关联的诉讼救济尚需完善

本书比较详细地介绍了我国台湾地区的强制执行救济中实体性救济制度，如前所述，按照最广义的实体性救济来看，或者称之为执行救济关联诉讼、派生诉讼，我国大陆民事诉讼法尚待进一步研究、完善。事实上，实务中执行程序引发的关联诉讼也越来越多，当法律无统一规范时，不同法院的处理方法就有可能不统一。如果应当诉讼解决的执行争议不允许诉讼，而由执行机关裁断处理，会侵害当事人的程序保障权利；如果均令当事人通过诉讼解决者，可能会给当事人增加不应有的讼累，拖延时间，加大当事人的司法救济成本，给恶意拖延诉讼者提供机会，损害法律尊严。而我国大陆民事诉讼法现行规范中又缺乏制裁滥用诉权的有效规定。

第二节　执行权与审判权界域完善空间

一、构建债务人异议之诉

（一）是否设立债务人异议之诉之争

债务人异议之诉是德国、日本、法国强制执行法或民事诉讼法及我国台湾地区相关规定中强制执行部分规定的一种对执行债务人，即被执行人的执行救济制度，我国台湾地区强制执行法学中债务人异议之诉的概念为："指债务人主张之执行名义所示之请求权，与债权人在实体法上之权利现状不符，请求以判决排除执行名义之执行力为目的之诉讼而言。"①

债务人异议之诉的目的，是在执行债权人的债权已经获得清偿、抵销或者因债权让与等原因而丧失实体请求权的情况下，债权人仍然请求执行时，法律设置的保护执行债务人合法权利的机制。我国法院执行实务中也常常发生这些情况，如前所述。我国民事诉讼法及最高人民法院司法解释中一直缺乏这种规定，也就是说，对执行中发生的这种实体权利义务争议，由执行法官或执行员处理。但是，这种争议之性质是实体法律关系，根据我国强制执行"审执分离"原则，应当由当事人起诉解决，不应当由执行法官或执行员行使实体裁判权作出裁判。所以，许多学者主张设立我国民事

---

① 杨与龄编著：《强制执行法论》，中国政法大学出版社 2002 年版，第 186 页。

强制执行的债务人异议之诉制度,① 但在早期有持反对意见者。

不主张设置债务人异议之诉的主要理由是：第一，通过普通诉讼程序予以债务人执行救济，不符合我国法院案多人少的情况。第二，异议之诉具有双重性，即需要确认执行债权债务关系，又需要与执行衔接，与一般民事诉讼纠纷不同，仅由审判机构裁判不够妥当。第三，债务人异议之诉按照诉讼程序审理，周期长，耗费大，不利于及时保护权利人之合法权益。第四，债务人异议之诉与我国现行民事诉讼法的规定不协调，会导致诉讼程序的混乱。② 还有反对者认为："主要是因为立法者认为判决生效后，当事人的权利义务被判决固化了，所以不宜再生新的变动……满足于现有的诉讼机制……执行法院一般会在裁定驳回执行异议申请后引导债务人通过另行诉讼的方式去确定权利义务的变化结果……对'老赖'问题的偏见性思维，认为赋予其太多的救济渠道反而会为其恶意规避执行创造机会。"③

主张设置债务人异议之诉者认为：第一，在执行实践中，债务人实体权利受侵害的情形是客观存在的，债务人异议之诉是一个妥当的解决方案。第二，有权利，就应当有救济。第三，我国现行法律对债务人权利的保护有漏洞。第四，以诉讼效率为由反对债务人异议之诉，令人难以信服。④ 有学者从既判力的角度进行论证："既判力确定至执行程序启动，仍有相当长的时间，这期间可能发生多种情况，影响当事人之间的实体权利义务关系。新事项的出现

---

① 王娣:《我国民事诉讼法应确立"债务人异议之诉"》，载《政法论坛》2012年第1期；赵信会:《执行异议之诉——对〈民事诉讼法〉关于执行异议之诉改革的评价》，载《政法论丛》2009年第6期。

② 作者是就当时未经修订的民事诉讼法而言的，转引自王娣:《我国民事诉讼法应确立"债务人异议之诉"》，载《政法论坛》2012年第1期。

③ 参见上海市第二中级人民法院课题组:《对执行异议之诉的重新审视》，载《人民司法（应用）》2016年第22期。笔者注：反对者的观点是此文总结他人的观点。

④ 王娣:《我国民事诉讼法应确立"债务人异议之诉"》，载《政法论坛》2012年第1期。

虽不能冲破裁判的既判力，但确实具有排除执行名义的效力，为此必须采取必要的救济措施，该救济措施在大陆法系国家和地区就是债务人异议之诉。"①

债务人就执行根据已经履行而提出异议，为什么必须以诉的形式，并交付审判，国外学者阐述的理由是："作为强制执行法，在采用债务人名义制度的反面，必须准备当债务人确定请求权的不存在时可要求排除执行的手段。而且，这样的准备因为以有关实体权事项的审查、确定为目的，所以要求必须是判决程序。"② 显而易见，该理论完全符合法理。

然而，我国民事诉讼法两次修订都未涉及债务人异议之诉，最高人民法院也未以司法解释的方式对其作出规定。③

（二）设立债务人异议之诉之合理性

笔者赞同设立我国强制执行法中的债务人异议之诉制度，主要理由如下：

第一，执行机构不可行使审判权。法院执行实务中常常发生被执行人（债务人）与申请执行人之间的，以执行根据确定的债务已经履行为由，要求法院驳回申请人的申请争议，毫无疑问，这是实体法律权利义务争议，根据"审执分离"原则，执行机构不可行使审判权。即由执行机构处理执行当事人之间发生的债务是否履行的争议与执行权能性质相悖，由执行机构裁判不符合执行权的性

① 赵信会：《论民事执行异议之诉——对〈民事诉讼法〉关于执行异议之诉改革的评价》，载《政法论丛》2009 年第 3 期。

② ［日］竹下守夫：《日本民事执行法理论与实务研究》，刘荣军、张卫平译，重庆大学出版社 1994 年版，第 54 页。

③ 众所周知，我国最高人民法院有时以司法解释的形式确定一些诉讼制度，如 2008 年《关于适用〈中华人民共和国民事诉讼法〉审判监督程序若干问题的解释》中确立了案外人申请再审的制度。2002 年《关于民事诉讼证据的若干规定》中确立了一系列民事诉讼证据规范。虽然学理上一直质疑这种解释的合法性，但是，笔者认为，针对我国法律修订程序启动之不易的状况而言，这种扩大行使司法解释权的做法，这种法院造法的做法，具有客观上暂时填补立法滞后空缺的价值。

质，应当交由审判机构裁判解决。

第二，避免“执行乱、乱执行”。申请执行人与被执行人就执行义务是否履行以及履行多少的争议在执行实务中常常出现，在2015年《最高人民法院关于人民法院办理执行异议和复议案件若干问题的规定》（以下简称《执行异议复议规定》）发布实施之前，不同法院执行机关对争议采取的方式不同，成为导致“执行难、执行乱”因素之一。被执行人只能提出异议，通过程序性救济途径寻求保护。《执行异议复议规定》的实施，统一了全国法院适用规则。该规定第7条第2款规定：“被执行人以债权消灭、丧失强制执行效力等执行依据生效之后的实体事由提出排除执行异议的，人民法院应当参照民事诉讼法第二百二十五条规定进行审查。”但是，从这款规定来看，司法解释一方面确定被执行人请求确认被执行债权消灭或丧失强制执行效力的异议性质为实体事由，另一方面却规定债务人只有程序性救济权利，即异议与复议，而非实体性救济途径。即执行权与审判权界域混乱，执行机构通过行使执行裁决权处理了应当经过审判权处理的争议。完善《民事诉讼法》执行规范，确立债务人异议之诉，可以消灭这种“执行乱、乱执行”的怪象。

第三，债务人异议之诉优于债务人另行诉讼。申请执行人申请法院强制执行后，被执行人提出已经履行异议的主张，申请执行人否认而发生争议后，法院在执行实务中的处理方法是：“对于执行中发生的实体权利义务变化，执行法院会在裁定驳回执行异议申请后引导债务人通过另行诉讼的方式去确定权利义务的变化结果。”① 由此可见，虽然现行《民事诉讼法》无债务人异议之诉救济机制，但实际上不得不通过诉讼解决争议。问题是另行诉讼解决不仅未能优于债务人异议之诉制度，反而可能产生新的纠纷。正如上海市第

① 上海市第二中级人民法院课题组：《对执行异议之诉的重新审视》，载《人民司法（应用）》2016年第22期。

二中级人民法院课题组在其课题成果《对执行异议之诉的重新审视》中所阐明的，另行诉讼可能会与执行结果发生冲突，特别是当另行诉讼的管辖法院与强制执行法院非同一法院时，且非同一地域法院时，可能因所谓“地方保护主义”作祟，使另行诉讼判决与原执行依据及其执行结果相冲突而发生新纠纷。而债务人异议之诉是在原执行根据基础上发生的诉讼，诉讼与执行关联，从国外立法和我国台湾地区有关规定来看，债务人异议之诉的管辖法院为执行法院，这样就可以避免产生新的纠纷。

第四，债务人异议之诉国外立法经验可资借鉴。债务人异议之诉救济制度是学术界受大陆法系国家立法例的启发而介绍到我国的一项制度，也是十多年来专家学者们推崇的经验。债务人异议之诉是德国、法国、日本、韩国以及我国台湾地区的有关强制执行的规定中已经确立，并实施多年的成熟的法律制度，我们完全可以借鉴并引入我国大陆《民事诉讼法》中，通过诉讼救济，解决执行实务中不断发生的这方面争议。

二、债务人异议之诉或可解决执行和解协议是否可诉之争

执行和解协议是否可诉的问题，是一个与债务人异议之诉有关的问题。

（一）执行和解协议有广义与狭义之分

执行和解的概念有广义与狭义之分，狭义的执行和解即通常意义上的执行和解，是指进入法院强制执行程序后，执行当事人双方为如何履行生效法律文书确定的义务，经过协商达成的和解协议。但是，还有一种执行和解是指进入法院强制执行程序前，取得执行根据的当事人为履行执行义务达成的执行和解协议。广义的执行和解包括一般意义上的、狭义的执行和解与进入强制执行程序前，执行当事人之间为履行生效法律文书确定的义务达成的和解协议。

有不同观点认为，执行和解仅指前者，不包括后者。即执行和解仅指我国民事诉讼法中规定的，执行当事人在执行程序中达成

的，如何履行生效法律文书确定的义务的和解协议。持这种观点的人还不少，理由为执行和解的概念是固有的概念，是有法律规定依据的概念。但是，笔者认为，这种观点视野有点狭窄，因为他们无法回答执行前当事人就生效裁判如何履行达成的协议是什么协议，无法否认这种协议的目的是履行生效裁判的义务，经双方当事人协商而达成的和解协议的本质。

所以，执行和解协议分为两种：一种是进入法院强制执行程序后，执行当事人双方达成的和解协议；另一种是未进入法院强制执行程序，取得执行根据的当事人为履行执行根据所确定的法律义务而达成的协议。

（二）执行和解协议是否可诉之争

执行和解协议是否具有效力；具有什么效力；一方当事人违反执行和解协议，另一方当事人是否可以提起诉讼救济，一直是我国强制执行理论界争论不休的问题。因为“执行和解制度涉及公法与私法、实体与程序，是一项非常复杂的执行法律制度”。[①] 执行和解协议是否可诉的争议涉及协议的性质与效力问题。

如前所述，当事人达成和解协议后，一方反悔或不履行，或者不完全履行而与对方当事人就是否履行发生争议的，争议是否可以通过诉讼解决，理论界有不同观点，可分为肯定说与否定说。

肯定说的主要理由也有二：一是执行和解协议也是合同，是当事人行使处分权的结果，与民事合同一样，发生争议的应当允许起诉；二是根据公平以及诚实信用原则，当事人不得任意违约。

否定说的主要理由有二：一是执行根据为法院行使公权的结果，当事人的执行和解协议是私权处分的结果，私权不得否定公权；二是生效判决的既判力不容动摇，不得因执行和解协议而改变。

---

① 赵晋山、葛洪涛、乔宇：《民事诉讼法执行程序司法解释若干问题的理解与适用》，载《人民司法（应用）》2016 年第 16 期。

执行和解协议是否可诉争议的根源在于执行和解协议是否有效力，以及有什么样的效力。对于这个问题理论界争议了很久，形成了几种不同观点。其一，主张执行和解协议不具有一般合同效力，其主要理由是生效判决的既判力不容当事人行使处分权予以变动。其二，主张执行和解协议具有一般合同效力，其主要理由是执行和解协议是当事人行使处分权的结果，当事人有权处分自己的权利。

（三）债务人异议之诉可以解决执行和解协议是否可诉之争

笔者认为，暂且不论执行和解协议有何种效力问题，如果我国《民事诉讼法》中有债务人异议之诉，那么，至少在债权人，即申请执行人不承认执行和解协议已经履行或者部分履行的事实，申请强制执行的情况下，债务人可以提起异议之诉主张法院确认已经履行的事实状况。这样至少可以保护债务人的这部分合法权益，此乃其一。

其二，如果承认执行和解协议具有一般合同的效力，那么当债权人违反约定，申请法院按照执行依据强制执行时，债务人提起的是执行异议之诉。执行异议之诉与另行诉讼不同，它解决的是执行中发生实体权利义务争议，而且从域外立法例来看，这种诉讼往往由执行法院管辖，造成矛盾裁判的可能性最小。

其三，早有少数学者提出通过建立债务人异议之诉，可以解决执行和解协议是否可诉的争议，[①] 其前提是要吸收日本和我国台湾地区民事诉讼法学、强制执行法学上的执行契约理论和制度，即承认执行和解协议的效力，执行和解协议争议就具有可诉性，通过在执行程序中提出债务人异议之诉解决。最近，张卫平教授又全面、系统地分析研究了这个问题，提出通过建立债务人异议之诉构建我国执行和解制度。[②] “国外或域外也有类似于我国执行和解的概念

---

① 汤维建、许尚豪：《论民事执行程序的契约化——以执行和解为分析中心》，载《政治与法律》2006 年第 1 期。

② 张卫平：《执行和解制度的再认识》，载《法学论坛》2016 年第 7 期。

和制度——执行契约，但国外或域外的执行契约与之不同，执行契约不仅存在于执行开始之后，也存在于执行开始之前，甚至存在于执行根据成立之前。执行契约成为执行开始的妨碍事由之一，只要存在不执行契约，则作为执行根据（执行名义）的执行便不能启动或实施。"① 接受执行契约理论，承认我国执行和解协议的合同效力，当债权人对执行和解协议有异议时，可以申请执行；当债务人有异议时，可以通过债务人异议之诉获得救济。"在当事人双方之间存在放弃实体请求权的执行合意时，一旦债权人违反该执行合意，申请强制执行的，债务人即可提起债务人异议之诉（请求异议之诉）。"②

三、构建债权人许可执行之诉

（一）许可执行之诉及其特征

执行许可之诉是我国台湾地区"强制执行法"中规定的一种执行救济制度，"许可执行之诉，乃债权人对于执行名义所示债务人之继受人或其他因执行名义之效力扩张所及之人之声请执行(强四之二)，经执行法院裁定驳回者，向执行法院对该执行债务人提起之诉讼而言"。③ 我国台湾地区"强制执行法"第4-2条规定："执行名义为确定终局判决者，除当事人外，对于下列之人亦有效力。一、诉讼系属后为当事人之继受人及为当事人或其继受人占有请求之标的物者。二、为他人而为原告者之该他人及诉讼系属后为该他人之继受人，及为该他人或其继受人占有请求之标的物者。前项规定，于第四条第一项第二款至第六款规定之执行名义，

① 张卫平：《执行和解制度的再认识》，载《法学论坛》2016年第7期。

② 张卫平：《执行和解制度的再认识》，载《法学论坛》2016年第7期。

③ 杨与龄编著：《强制执行法论》，中国政法大学出版社2002年版，第125页。

准用之。”① 第14-1条第2款规定：“债权人依第四条之二规定申请强制执行经执行法院裁定驳回者，得于裁定送达后十日之不变期间内，向执行法院对债务人提起许可执行之诉。”②

从上述规定中可以总结出我国台湾地区的债权人许可执行之诉主要具有以下三个方面的特征：

第一，此诉债权人的强制执行申请被驳回的前提是，债权人对“执行名义所示债务人之继受人或其他因执行名义之效力扩张所及之人之声请执行”③，即执行债务人非执行名义所示当事人，而是其继受人，或其他因为执行名义效力扩张所及之人。这种执行案件的债务人主体有特殊性，有别于一般执行案件之债务人。

第二，债权人之执行申请因执行债务人不适格被法院驳回。

第三，债权人认为法院驳回错误，故而对债务人提起诉讼，请求法院确认其为适格执行债务人。

德国、日本、韩国的民事执行法中也有这种执行许可制度，不过称谓不同，在德国称其为请求发给执行文之诉，在日本称其为执行签证付与之诉，在韩国称其为债权人请求赋予执行文之诉。

（二）我国台湾地区许可执行救济从程序性救济到实体性救济的演变

债权人申请执行，与一般执行债务人相比，其被执行债务人具有特殊性，该债务人非执行名义所载明之人，而是该债务人之继受人，或其他因执行名义效力扩张所及之人。当这类执行债务人认为自己非执行适格主体，即其非执行名义效力所及之当事人，或者执行名义尚未成立，提出异议，或者法院经调查认为非适格主体时，裁定驳回债权人申请。债权人不服裁定，因涉及其债权之实现，执

① 参见我国台湾地区“强制执行法”。笔者注：此处“第四条第一项第二款至第六款”是关于法院终局判决以外的其他执行名义之规定，如公证债权文书、调解和解协议等。我国台湾地区之执行名义即我国大陆民诉法所称的执行根据。

② 参见我国台湾地区“强制执行法”。

③ 杨与龄编著：《强制执行法论》，中国政法大学出版社2002年版，第125页。

行程序不应当就此终结，强制执行法还应当为其设置救济程序。

然而，在这种情况下法律应当给予程序性救济还是实体性救济，我国台湾地区相关规定发生过实质性的变化。

1996年我国台湾地区“强制执行法”修订之前，规定为程序性救济。即债权人不服的，可以声明异议，提出抗告。“债务人主张执行名义尚未成立或对其无执行名义或非执行名义效力所及者，在一九九六年本法修正前，属于第十二条第一项所谓‘其他侵害利益之情事’，仅得依该项规定声明异议。如执行法院驳回债权人强制执行之申请，债权人应循抗告程序请求救济。”① 抗告，在我国台湾地区“民事诉讼法”中，是指对法院作出的裁定的上诉救济程序。“抗告，为当事人或其他诉讼关系人对于法院或审判长所为不利于己且未确定之裁定，向上级法院声明不服，请求废弃或变更该裁定之行为。”② 1996年修订之前，该“强制执行法”赋予程序救济权利而非实体救济权利的原因，是我国台湾地区理论界与实务界均认为：“是否为适格的当事人，属有无执行名义，且属执行法院依职权调查的程序事项，如有争议，有关利害关系人可声请或声明异议，不得提起执行异议之诉。”③ 但在1996年修订时，将程序性救济改为实体性诉讼救济，理由却为当事人适格问题属于实体性争议，不应当以声请或声明异议程序性方式救济。④

我国台湾地区民事诉讼判决的上诉程序与裁定的抗告程序是分别而立的两种程序，其抗告程序是位于第三编上诉程序之后的第四编，是与第一审程序、上诉审程序、再审程序、督促程序、保全程

① 赖来焜：《强制执行法总论（下）》，元照出版公司2007年版，第638页。

② 陈计男：《民事诉讼法论（四）》，三民书局2006年修订四版，第359页。

③ 卢正敏：《台湾执行当事人适格适度述评及启示》，载《台湾研究集刊》2008年第1期。

④ 卢正敏：《台湾执行当事人适格适度述评及启示》，载《台湾研究集刊》2008年第1期；吴明轩：《强制执行法修正对最高法院判例及民事会议决议之影响》，载杨与龄主编：《强制执行法争议问题》，五南图书出版公司1999年版，第438页。

序、公示催告程序并列的程序。第一，其与我国大陆民事诉讼法立法例不同，我国大陆民事诉讼上诉程序既包括对判决的上诉，又包括对裁定的上诉。第二，我国台湾地区“民事诉讼法”相关规定与其一向追寻的德国、日本立法例不同，德国、日本的民事诉讼法中，其上诉编中包括控诉、上告、抗告三章，[①] 既包括对判决的上诉程序，也包括对裁定的上诉程序。德、日却是与我国大陆民诉法立法例基本相同。

控诉是对判决上诉的称谓，上告是对法院判决向高等法院和最高人民法院上诉的称谓，抗告是对法院裁定或命令上诉的称谓。

1996 年我国台湾地区“强制执行法”修订后，将债权人许可执行异议之救济改为实体性救济，确定了债权人异议之诉制度，不再属于声明异议范畴。修订的理由是：“如执行法院驳回债权人强制执行申请，债权人因循抗告程序请求救济，此项裁定或抗告程序，系形式上审查，难以解决执行当事人是否为执行名义效力所及之实体上争执本法此处修正，特于第十四条之一第二项规定：‘债权人依第四条之二规定申请强制执行经执行法院裁定驳回者，得于裁定送达后十日之不变期间内，向执行法院对债务人提起许可执行之诉’。俾债权人于获得胜诉判决确定后，得据以申请执行。”[②] 1996 年该“强制执行法”修订时，我国台湾地区将债权人申请执行被驳回的救济程序由程序性救济改为实体性救济，一方面给当事人以更有力的保障，另一方面理顺了债权人这种权利的执行救济理论。

（三）构建债权人许可执行制度

我国大陆民诉法执行编中尚无这种债权人许可执行制度，缺乏当事人资格意义上的债权人许可执行救济机制。当债权人申请对执

① 参见《德意志联邦共和国民事诉讼法》，谢怀栻译，中国法制出版社 2001 年版；白绿铉编译：《日本新民事诉讼法》，中国法制出版社 2000 年版。

② 杨与龄编著：《强制执行法论》，中国政法大学出版社 2002 年版，第 125 页。

行根据的债务人之继受人、为被执行人或者其继受人占有执行标的物之人、为他人而为原告或被告的该他人，提出申请执行时，法院若不认可，申请执行人若不服，我国大陆民诉法并未设立诉讼救济规定，执行根据债权人的利益缺乏保障。故笔者主张设立债权人许可执行制度，理由如下：

第一，我国大陆现行民诉法这种规定仅为法院形式上审查，审查申请执行人之申请是否符合执行条件，而申请执行人对被执行人之债务之继受人、执行标的物占有人、为他人而为原告或被告的该他人行使执行请求权，表面上看似乎是一项诉讼权利，若不服法院不认可的决定时，其所主张的权利似乎也是程序性异议，但实际上却是实体性异议。对执行当事人之间的实体性争议，法律应当给予程序保障，应当允许其提起诉讼。对执行当事人之间的实体性争议交付审判权裁判。

第二，我国台湾地区 1996 年修订相关规定时，将债权人申请执行被驳回的救济程序由程序性救济改为实体性救济，这一经历给我们提供了经验，可资借鉴。他们认为以程序性救济“难以解决当事人是否为执行名义效力所及之实体上争执”①，故而改为实体性救济，允许债权人提起许可执行之诉。原告为申请执行之债权人，被告则非执行名义上之债务人，而是申请执行之债权人所主张的债务人、债务人继受人，或者因执行力扩张的其他主体。

四、构建当事人适格之债务人异议之诉

债权人许可执行之诉是关于执行当事人资格争议的法律救济，争议之当事人是申请执行的债权人与被申请执行的债务人。考察我国台湾地区“强制执行法”，其既设立有债权人许可执行之诉救济机制，又设立有执行当事人资格意义上的债务人异议之诉救济机制，即其“强制执行法”第 14-1 条第 1 款所规定的债务人意义之

① 杨与龄编著：《强制执行法论》，中国政法大学出版社 2002 年版，第 125 页。

诉。我国台湾地区“强制执行法”第 14-1 条这样规定：“债务人对于债权人依第四条之二规定声请强制执行，如主张非执行名义效力所及者，得于强制执行程序终结前，向执行法院对债权人提起异议之诉。债权人依第四条之二规定声请强制执行经执行法院裁定驳回者，得于裁定送达后十日之不变期间内，向执行法院对债务人提起许可执行之诉。”这种设计充分体现了法律的公平性，对执行当事人双方都赋予了执行当事人资格救济之诉的途径。因此，我们也应当考虑借鉴。同理，我们也应当将执行当事人之间的实体性争议交付审判权解决。

本章小结　我国民事强制执行救济经过这些年修法，经过最高人民法院不断制定实施的司法解释，经过不断的改革、完善，执行救济法律体系已经基本建立，程序性救济与实体性救济之间的界域日益清晰。但是，这个体系的建立大多数是靠最高人民法院行使司法解释权代行立法机关立法权功能的结果，不符合我国《立法法》的规定。然而，作为权宜之计，针对难以启动民事诉讼法修订工程的困局，这种权利错位，具有及时填补法律规范空白的客观效果。

因此，从立法层面来看，构建执行救济体系的工程亟待继续进行，审判权与执行权的配置、分界需要逐一完善。

第五章　执行权与审判权界域的其他问题及其完善

通常，执行救济所包含的内容，是指因执行行为瑕疵，即违法执行与不当执行所引起的程序异议和实体争议，参考几个国家的强制执行法和我国台湾地区“强制执行法”，救济方式有程序性异议和实体性异议之诉两类。然而我国大陆法院执行实务中还有执行根据瑕疵问题以至于无法执行的情况发生，这些根据瑕疵如何救济需要深入研究。例如，作为执行根据的法院民事判决或仲裁机构指出的仲裁裁决主文表述不清，导致法律文书所指向的内容无法被执行，或者判决、裁决结果不清而难以被执行，谁来处理？另外，具有中国特点的执行当事人的变更与追加所发生的争议是否需要审判权裁断？还有，夫妻一方为执行根据所确定的被执行人，但执行财产扩张至夫妻另一方，甚至扩张至被执行人前配偶一方而引起争议，如何救济以及属于何种性质的救济，即涉及执行配偶或前配偶财产的执行力扩张纠纷如何救济？本章专门讨论探究这几个方面的问题。

第一节　执行根据主文不明救济机制的两权选择

一、执行根据主文不明

我国法院执行实务中常常出现执行根据主文不明，即执行根据主文有瑕疵，导致执行机构无法执行的问题。执行根据既包括判决，也包括仲裁裁决等民诉法规定由我国法院强制执行的其他法律文书。

例如，某生效判决主文表述为“位于本市某某区某某街道某某号的上下两层六间房屋的一半产权归原告所有”，申请人申请法院强制执行时，执行法官却难以下手，不知究竟该上下分割一半产权归申请执行人，还是左右分割一半给申请执行人。本案更有意思的是连申请人都不知道该要哪几间房。因此，此案若想执行，只有找被执行人协商。若被执行人拒绝协商，法院必将无法执行，或者执行人员找被执行人协商，有可能等于将案件重新审理一遍，再作出补充判决。

又如，某法院判决被告郑某某于本判决生效后十日内，对原告郑某蓝位于北京市某区某镇某村某某路 7 排 3 号院内北房五间中东侧二间房屋屋顶进行维修。但是，未明确以什么标准维修，以致执行中当事人双方发生争议，法院一时无法执行。再如，某法院判决：原告甲与被告乙的夫妻共同财产，位于北京市某区某小区 1 号楼 204 号房屋经双方同意后出卖，所得款项归原告被告一人各一半。执行时，因不具备“双方同意后出卖”的条件无法执行。

主文有瑕疵的判决书、调解书实例还有很多，法官陈庆芳 2008 年发表的文章《浅议审执环节的衔接问题》[①] 中就列举了四个很有代表性的案例；法官荆广平、王喜君根据基层法院的实务，在文章《因执行依据不确定导致执行不能的现状分析》中归纳总结了九类案件。[②]

同样，仲裁裁决书也有裁决主文不明确以至于法院无法执行的情况。

二、理论界与实务界的不同观点

对于裁判文书主文表达不明无法执行的问题，不同领域的专家

---

① 陈庆芳：《浅议审执环节的衔接问题》，中国法院网，2015 年 8 月 9 日访问。

② 荆广平、王喜君：《因执行依据不确定导致执行不能的现状分析》，中国法院网咸阳秦都频道，2015 年 12 月 5 日访问。

学者提出的解决方案，设计的解决路径各有不同，法院的处理方式也各有不同。

（一）法院采用的三种不同处理方式

1. 通过调解完成执行。根据民事诉讼法学原理，调解是在法院的主持下，双方当事人通过互相协商、互谅互让达成协议以解决争议、终结诉讼的制度，是当事人行使处分权与法院行使审判权相结合的产物。调解的法理基础是当事人对自己所享有的民事权利有权自行处分，即对诉至法院的民商事争议中的民事权利义务有处分权。因此，在我国，调解只适用于民事诉讼程序，执行中不得适用。因为执行程序是法院根据债权人的申请，实施强制措施，强制义务人履行法律文书确定的义务，实现申请人的债权，执行法官或执行员无权对生效的法律裁判通过调解予以变更。在强制执行程序中，就执行根据而言，被执行人无权利可处分，这是其一；其二，执行权是单向性的权利，不是审判权，执行法官或执行员不可对执行根据确定的执行当事人的权利义务居中调解；其三，申请执行人因执行根据确定的权利尚未实现，若执行法官或执行员居中调解，会与生效裁判的既判力产生冲突。因此，执行程序中执行当事人只能和解，根据诉讼法学理论，和解的特征是执行机构不参与，当事人自己协商实现债权的时间、方式等。

2. 通过审判法官解释后执行。若调解不成，执行法官或执行员与审判法官联系，请审判法官对不明确的判决主文予以明确解释，从而促使执行行为完成。尽管理论上执行过程中不得调解，但事实上，法院在执行过程中往往用调解的手段去完成执行。因此，有对民诉法学和执行法学很有研究的学者提出应当允许执行调解的观点。[①] 然而，由于担心执行法官或执行员滥用调解权，强迫或变相强迫当事人接受不合理的条款，可能侵害当事人的合法权益，故

① 雷运龙：《试论“民事执行调解”》，载《执行工作指导》2009 年第 1 辑；雷运龙：《论民事执行调解制度》，载《法律适用》2009 年第 4 期。

这一观点支持者较少。因此，实务中执行法官会联系案件审判法官，审判法官对不明确的判决主文予以解释。这种方式虽然有效，但是缺乏立法依据，又因口头解释形式而欠严肃。

3. 通过再审程序解决。通过审判法官口头释明以完成执行工作，往往还需要当事人服从、配合。因为毕竟法律文书主文有瑕疵，审判法官的口头释明及解释在法律效力方面存疑，欠缺法律根据。因此，若当事人不配合，案件必然无法展开执行。因此，在这种情况下，有些当事人通过申请再审解决裁判文书瑕疵，法院根据审判监督程序审理裁判。也有法院明确主张并告知当事人通过再审程序解决，徒增当事人程序负担。

（二）学术界的不同主张

学术界的观点与实务界的观点、司法政策不同，学术界设计的解决路径是完善我国民事诉讼法中的裁判文书补正制度。但是，学术界研究这一问题的论文比较少，这说明虽在司法实务界已经出现多年，成为很明显需要解决的问题，学术上却未引起足够的重视。笔者与杨荣馨导师曾经主张："裁判文书主文表达含混，或者调解协议内容不清之类问题类似原判决或调解协议遗漏实体问题，应当由审判法官补充判决或调解。"① 有学者提出执行根据不明确的应对之策：首先，建立人民法院立案、审判与执行的协调配合机制；其次，建立执行机构与作出执行根据的主体之间的沟通机制；再次，正确运用解释的方法来明确执行根据；最后，建立当事人申请补正的机制。即当执行根据主文不明确时，执行申请人应向审判法官申请，要求明确申请执行的裁判内容，审判法官应作出书面的补正或说明。② 这个应对之策，前几项均为务实的权宜之计，其最后的结论是要建立瑕疵裁判补正程序制度，要符合民事诉讼法学和强

---

① 杨荣馨、邱星美：《执行权与审判权的界限》，中国行为法学会执行行为研究会第一届论坛论文。

② 王杏飞：《执行依据不明的应对》，载《人民法院报》2016年2月24日。

制执行法学原理。

执行根据的裁判文书主文不明导致法院无法执行、难以执行的问题已经困扰我国人民法院多年，这些年来，法院设计了几种应对方案，但是始终没有作出规范性文件，直至2015年，最高人民法院发布实施的《民诉法解释》第463条中，从申请执行的生效法律文书条件的层面作出了规定："当事人申请人民法院执行的生效法律文书应当具备下列条件：（一）权利义务明确；（二）给付内容明确。法律文书确定继续履行合同的，应当明确继续履行的具体内容。"但是，这条规定并未解决根本问题，只是提供了解决问题的一个条件。当事人申请法院强制执行，若因执行根据主文瑕疵导致法院以不具备受理条件为由不予受理，申请人将寻何种途径救济，尚无配套规范。申请人申请审判法官补正，审判法官若拒绝，申请人去申请再审吗？申请再审若被拒绝，申请人难道去信访吗？显然不应当这样。这几个疑问说明这条司法解释有进步，但是亟须相应的配套规定予以完善救济体系。

当然，也有不少司法实务界的专家学者主张"应当借鉴德国、日本、法国等国家关于裁判瑕疵救济的立法规定，拓展我国的裁判瑕疵救济范围……从立法上明确瑕疵判决的补正条件、程序启动、运作规范及与上诉审程序、再审程序的合理对接等"。[①] 有司法实务界的专家学者提出立法完善瑕疵裁判的补正程序主张。[②]

（三）司法政策与新司法解释

为了解决这种类型的执行难问题，若干年前许多法院就提出了"审执衔接"的司法政策。近年来，为实现最高人民法院提出的"消灭执行难"目标，各法院又提出了"立审执衔接"的司法政

① 王光亮、谷朝宪、丁武军：《裁判问题引发执行难现象透视——以H市中院及辖区基层法院为研究样本》，全国法院系统第二十四届学术讨论会征文获奖论文。

② 曹书瑜：《论民事瑕疵裁判的补正程序》，载《人民司法》2006年第6期。

策，媒体中此类报道比比皆是。[①]

早在2005年全国法院立案审判工作座谈会上，最高人民法院就决定推行法官判后答疑制度，即案件宣判后，如果当事人对裁判有异议或疑问，则由原承办法官负责从法律程序适用、案件证据认定、裁判理由等几个方面予以解释，以促进实现当事人息讼服判，法院“案结事了”的目标。判后答疑制度也成为解决这类执行难题比较有效的权宜之计措施。

法院立足于解决司法实务问题的角度，提出了审判与执行对接，审判要注意与执行衔接的司法政策；提出了立案、审判、执行协调配合，强化诉讼保全措施实施，以诉讼保全促使诉讼、执行顺利进行；要求审判法官作裁判时要考虑强制执行时的可操作性，主持调解，促使当事人达成的调解协议要明确当事人各自的权利、义务，有利于执行的司法政策。

另外，为解决这类“执行难”问题，有的法官经过研究后建议：“针对法院执行中出现的实际情况，为从源头上解决法院自身原因所导致的执行难问题，实现审判环节与执行环节的和谐衔接，特提出以下建议……订立明确的执行立案审查标准，执行立案审查既进行形式审查又进行实质审查，以使法院在立案环节堵住不合格案件进入执行程序，节约有限的执行资源，提高执行的质量和效率。”[②] 有的法官甚至提出了赋予执行法官对执行根据瑕疵的“执

① “两到三年基本解决执行难问题重在内外并举，如果将此比喻成一台复杂而艰难的手术，那么完善‘立审执’衔接机制则是对内施刀。”上海市高级人民法院院长崔亚东接受《法制日报》记者采访时表示：“这次出台的《意见》以诉讼环节上存在的衔接不畅、责任不明、相互脱节、作为不力等问题为导向，通过重新梳理，再造流程，重点强化立案、审判、执行各部门的责任及协调配合，从制度和机制上降低申请执行人权利落空的风险，将每个案件都办成完整的‘司法产品’，从而推动解决执行难问题。”参见《将每个案件都办成完整的“司法产品” 上海完善“立审执”衔接机制破解执行难》，载上海法院网，2016年9月27日访问。

② 陈庆芳：《浅议审执环节的衔接问题》，载中国法院网，2015年8月9日访问。

行解释权"[①]，主张"对前述部分困难，执行机构可以依据法律的授权通过执行解释明确具体的含义，比如对执行依据的非根本性缺陷，对不具有诉的性质的执行争议，执行机构内可以组成合议庭通过执行解释弥补法律文书的不足"。[②] 司法界专家学者持这种观点的还不少，进而还有专家提出赋予执行法官修正权、解释权和变更权，以解决这类问题的主张：执行机构应当通过修正权，修正执行根据中的非实质性瑕疵，如笔误、数据计算错误、文字和术语错误；通过解释权，解释执行根据中表达不明确的裁判主文；通过变更权，变更执行根据裁判主文因不现实而无法被执行的内容。[③]

但也有法院专家学者反对"执行解释权"观点，认为执行解释权的观念源于执行裁决权，目的在于突破原有生效法律文书的限制，对原有法律关系进行新的界定和解读，实际上赋予了执行机构以重构原裁判法律关系的权力，是"执中有审"，即执行法官行使了审判法官的审判权。显然，这种方式不利于维持生效判决的权威，不利于审执分离原则的落实。执行根据解释权只能由审判法官行使，不得由执行法官行使。行使这种解释权所履行的程序也比较繁杂，无法提高执行效率。[④]

2015 年，最高人民法院发布实施的《民诉法解释》第 463 条中，从申请执行的生效法律文书条件的层面作出规定："当事人申请人民法院执行的生效法律文书应当具备下列条件：(一) 权利义务明确；(二) 给付内容明确。法律文书确定继续履行合同的，应当明确继续履行的具体内容。"但是，这条规定仅限于主观要求，

---

① 田玉玺、雷运龙：《执行解释初论》，载《强制执行指导与参考》总第 9 集，法律出版社 2004 年版；雷运龙：《执行解释初论》，载《法学杂志》2002 年第 5 期。

② 陈庆芳：《浅议审执环节的衔接问题》，载中国法院网，2015 年 8 月 9 日访问。

③ 张映婷：《初论执行根据审查制度》，载浙江省高级人民法院编：2011 年中国法学会审判理论研究会执行制度专业委员会年会论文集《强制执行立法研究》第 296~297 页。

④ 王建：《"审执分离"视野下的"审执统一"——浅谈民事判决执行力缺陷的救济》，载《山东审判》2016 年第 1 期。

并未解决实质问题，甚至会引起新问题，即法院因此对申请执行不予立案时，申请人无法确定救济途径。

2017 年，江苏省高级人民法院下发了《关于执行内容不明确如何执行有关问题的通知》，其“对执行实践中，生效法律文书确定的执行内容不明确”的问题，要求“1. 由当事人自行协商或者执行人员组织当事人协商，尽可能通过协商一致使执行内容明确；2. 以函询形式征求作出生效法律文书的承办人及其合议庭成员意见，函中应明确 15 日内对执行内容予以补正或者说明，使执行内容明确；3. 与当事人沟通，力争使当事人达成执行和解并履行”。如果采取上述措施后仍然不能执行的，裁定驳回执行申请。

江苏省高级人民法院解决裁判文书主文不明无法执行的救济措施，对申请强制执行人而言，比简单适用《民诉法解释》第 462 条驳回申请、不予受理的规定积极意义明显，但是在现行法及最高人民法院司法解释固有的观念下，仍然是权宜之计。

2018 年，最高人民法院发布了《关于人民法院立案、审判与执行工作协调运行的意见》（以下简称《立审执协调意见》），其中要求：“法律文书主文应当明确具体：(1) 给付金钱的，应当明确数额。需要计算利息、违约金数额的，应当有明确的计算基数、标准、起止时间等；(2) 交付特定标的物的，应当明确特定物的名称、数量、具体特征等特定信息，以及交付时间、方式等；(3) 确定继承的，应当明确遗产的名称、数量、数额等；(4) 离婚案件分割财产的，应当明确财产名称、数量、数额等；(5) 继续履行合同的，应当明确当事人继续履行合同的内容、方式等；(6) 排除妨碍、恢复原状的，应当明确排除妨碍、恢复原状的标准、时间等；(7) 停止侵害的，应当明确停止侵害行为的具体方式，以及被侵害权利的具体内容或者范围等；(8) 确定子女探视权的，应当明确探视的方式、具体时间和地点，以及交接办法等；(9) 当事人之间互负给付义务的，应当明确履行顺序。对前款规定中财产数量较多的，可以在法律文书后另附清单。”还要求“审判部门在民事调解中，应当审查双方意思的真实性、合法性，注重调解书的可执行性。能即时履行的，应要求当事人即时履行完毕”。

该《立审执协调意见》规定：“执行机构发现本院作出的生效法律文书执行内容不明确的，应书面征询审判部门的意见。审判部门应在15日内作出书面答复或者裁定予以补正。审判部门未及时答复或者不予答复的，执行机构可层报院长督促审判部门答复。”

“执行内容不明确的生效法律文书是上级法院作出的，执行法院的执行机构应当层报上级法院执行机构，由上级法院执行机构向审判部门征询意见。审判部门应在15日内作出书面答复或者裁定予以补正。上级法院的审判部门未及时答复或者不予答复的，上级法院执行机构层报院长督促审判部门答复。”

“执行内容不明确的生效法律文书是其他法院作出的，执行法院的执行机构可以向作出生效法律文书的法院执行机构发函，由该法院执行机构向审判部门征询意见。审判部门应在15日内作出书面答复或者裁定予以补正。审判部门未及时答复或者不予答复的，作出生效法律文书的法院执行机构层报院长督促审判部门答复。”

最高人民法院《立审执协调意见》设置的救济途径是由审判部门书面答复或裁定予以补正。一种问题两种不同救济途径，可以分别适用于简单、无争议的情况和复杂、有争议的情况。但是否合理，笔者认为值得研究。

对上述那位法官的建议，笔者认为其在立案环节堵住不合格案件进入执行程序的主张有合理之处，值得深入研究。但对通过法律授权执行机构，对裁判不明无法执行的案件解释明确的主张，以及在执行机构内组成合议庭，作出执行解释弥补法律文书的缺陷之建议，[①] 笔者无法赞同，理由如下：

第一，这种主张在执行权与审判权性质问题上观念不清，通读

① 陈庆芳：《浅议审执环节的衔接问题》，载中国法院网，2015年8月9日访问。

其全文，该文完全没有在分析执行权与审判权有本质区别的基础上研究问题，并未研究执行权的性质、范畴，仅仅是针对问题提出处理意见，其建议混淆了执行权与审判权的界域，审判遗留的问题由执行来完善、弥补，显然有悖学理。

第二，如果授予执行机构对裁判主文瑕疵判决作出弥补该缺陷的法律文书的权利，可能会发生执行法官与原审判法官意见不一致的后果。如果是这样，审判权与执行权的界域必然将发生混乱，在一定程度上将退回审执不分的时代。

上述那位法官的建议显然已经被2018年最高人民法院《立审执协调意见》予以否定。

笔者认为，2018年最高人民法院《立审执协调意见》中书面答复或裁定补正的救济比以往司法解释更进了一步，但是否符合民事诉讼法学与强制执行法学原理，仍值得研究。笔者主张，解决问题的根本路径应当是完善民事诉讼法，建立一套补正民事瑕疵裁判的合理程序。

三、瑕疵裁判文书补正程序构建

（一）民事裁判瑕疵概念

民事瑕疵裁判，抑或裁判文书瑕疵，在我国民事诉讼法学上尚无确定概念，目前学术界有如下几种观点：观点一，认为民事瑕疵裁判“是指民事审判中发生结案效果的判决、裁定和调解书中存在对裁判结果不产生重大影响的轻微错误，主要是裁判上或法律文书制作上的技术性疏忽和遗漏，其范围以技术性错误为主，以认识、判断错误为例外”。[①] 从其内容来看，这个定义所涵盖的范围较广，包括文字笔误，金额、诉讼费用错误计算，判决主文未驳回未支持的诉讼请求，义务履行方式表达不清以至于无法被执行，诉

---

① 陈晓君：《缺陷的弥补与权利的补充救济——民事裁判瑕疵补正程序》，载《法律适用》2008年第9期。

讼费用漏判，法律条文引用不当，调解协议内容有技术性疏漏等。[①] 观点二，在总结了刘荣军教授阐述的理论后认为，“所谓民事瑕疵裁判，又称民事裁判的瑕疵，系相对于正确的判决、裁定与错误的判决、裁定而言，是指人民法院违反程序法规定或者工作失误而形成的个别方面有失完善的民事裁定或民事判决，是人民法院在审理民事案件过程中出现瑕疵行为的主要表现形式”。[②] 从其观点内容来看，这个定义所涵盖的范畴与观点一有相同之处，也有区别，其瑕疵裁判包括判决的笔误，程序方面存在瑕疵但又没有达到违反程序法规定应该发回重审的程度，遗漏当事人诉请形成漏判或者超出当事人请求形成多判等，不影响原审判决结论的瑕疵和轻微影响判决结论的瑕疵，因笔误，引用法条错误但是不影响判决结果等。[③] 观点三，根据德国、日本民事诉讼法学，认为“裁判的瑕疵，是指违背程序法规的规定而成立的裁判”。[④] 不仅法院诉讼行为瑕疵会导致裁判瑕疵，“裁判本身违反程序法的规定能够引起裁判瑕疵的发生外，当事人诉讼行为以及法院在裁判外实施的行为如果出现瑕疵，都可能成为引起裁判瑕疵生成的原因”。[⑤] 即裁判瑕疵适用于诉讼行为瑕疵所引起的争议，诉讼行为既包括当事人的诉讼行为，也包括法院的诉讼行为。这种瑕疵包括错误裁判，也包括观点一所称的轻微错误。“对于裁判的瑕疵的处理，不能宣布其无效，原则上只能通过上诉、申诉等当事人正当、无瑕疵诉讼行为的实施，取消判决。所以说，有瑕疵的裁判，并不必然被宣布取消，如果当事人没有行使上诉权、申诉权，有瑕疵判决就会发生法律效

---

① 陈晓君：《缺陷的弥补与权利的补充救济——民事裁判瑕疵补正程序》，载《法律适用》2008 年第 9 期。

② 曹书瑜：《论民事瑕疵裁判的补正程序》，载《人民司法》2006 年第 6 期。

③ 曹书瑜：《论民事瑕疵裁判的补正程序》，载《人民司法》2006 年第 6 期。

④ 刘荣军：《民事诉讼行为瑕疵及其处理》，载《中国法学》1999 年第 3 期。

⑤ 刘荣军：《民事诉讼行为瑕疵及其处理》，载《中国法学》1999 年第 3 期。

力，尽管它们会影响司法的公正。”①

观点一、观点二所表达的概念及范畴与刘荣军教授阐述的概念及范畴有交集，又有不同，观点一、观点二所表达的是笔误、漏写与轻微的生效判决，不必启动上诉程序和再审程序，而观点三所言之瑕疵既包括可以引起上诉、请求再审的瑕疵，也包括不需要上诉、请求再审，通过补正程序即可救济的瑕疵。

（二）日本、我国台湾地区民事诉讼中瑕疵裁判救济参考

1. 日本瑕疵裁判之救济。根据刘荣军教授《民事诉讼行为瑕疵及其处理》的介绍，民事诉讼行为瑕疵会导致裁判瑕疵，瑕疵裁判救济根据瑕疵之不同情形，可以上诉或请求再审救济，也可以申请更正救济。日本新堂幸司教授在其著作《新民事诉讼法》“判决之无效”中提及有瑕疵的判决时，阐明“即使判决在其程序或内容方面存在瑕疵，原则上不当然地导致判决无效……因此，判决一旦获得成立，判决的瑕疵也只是通过变更、上诉、再审等程序来撤销判决事由的问题”②。根据日本民事诉讼法学，判决更正是指“并非对判断内容进行变更，而是对判决书表达错误予以订正及补充”。日本《民事诉讼法》第 257 条是关于更正判决的规定，“判决如有误算、误记或其他类似明显的错误时，法院根据申请或依职权，随时可以作出更正裁定。对更正裁定，可以即时抗告，但是，对于判决已提出合法的控诉，则不在此限”③。从这条规定来看，因误算、误记或其他类似明显的错误不属于本书在此讨论的导致无法执行的执行根据主文瑕疵。因误算、误记此类错误的救济，我国《民事诉讼法》第 154 条第 1 款第 7 项以裁定补正判决书中的笔误即是，对此最高人民法院《民诉法解释》第 245 条规定：“民事诉讼法第一百五十四条第一款第七项规定的笔误是指法律文书误写、

---

① 刘荣军：《民事诉讼行为瑕疵及其处理》，载《中国法学》1999 年第 3 期。

② ［日］新堂幸司：《新民事诉讼法》，林剑锋译，法律出版社 2008 年版，第 470 页。

③ 白绿铉编译：《日本新民事诉讼法》，中国法制出版社 2000 年版，第 65 页。

误算，诉讼费用漏写、误算和其他笔误。”

关于日本民事诉讼判决的更正制度可以小结如下：第一，启动的主体既包括法院，又包括当事人，即法院可以依职权主动更正，当事人可以行使诉讼权利申请更正。第二，更正判决使用法律文书为裁定，非判决，因为更正判决的事由为程序上的事由。第三，对更正裁定不服的，当事人可以上诉，即提起即时抗告。第四，当事人申请更正与对一审判决提起抗告竞合时，则不可对更正裁定提出即时抗告。第五，更正判决裁定与原判决为一体，即更正裁定为原判决之一个组成部分。由此可见，日本判决的更正不包括本书所讨论的导致无法执行的执行根据主文瑕疵救济，因而可以推断导致无法执行的执行根据主文瑕疵救济为提起上诉或再审之诉，或者为补充判决。

日本《民事诉讼法》第 285 条为“裁判的遗漏”规定，第 1 款规定：“法院作出裁判遗漏请求的一部分时，对于该请求部分的诉讼，仍系属于该法院。”第 2 款规定对遗漏诉讼费用负担的裁判，法院可以依职权，或者当事人申请，以裁定方式弥补此遗漏。由于日本《民事诉讼法》第 282 条规定禁止对诉讼费用负担单独提起上诉，故以裁定方式补充裁判遗漏。本条第 1 款，有学者确定这是追加判决，[①] 但笔者多方查询，无法证实。然而，从我国台湾地区“民事诉讼法”关于判决之更正、判决之补充的规定来看，我国台湾地区“民事诉讼法”与日本《民事诉讼法》非常近似，故本条第 1 款应属补充判决的规定。

2. 我国台湾地区瑕疵裁判之救济。我国台湾地区“民事诉讼法”第 233 条是关于判决之补充的规定，“诉讼标的之一部或诉讼费用，裁判有脱漏者，法院应依声请或依职权以判决补充之。当事人就脱漏部分声明不服者，以声请补充判决论。脱漏之部分已经辩论终结者，应即为判决；未终结者，审判长应速定言词辩论期日。

① 曹书瑜：《论民事瑕疵裁判的补正程序》，载《人民司法》2006 年第 6 期。

因诉讼费用裁判脱漏所为之补充判决，于本案判决有合法之上诉时，上诉审法院应与本案诉讼同为裁判。驳回补充判决之声请，以裁定为之”[①]。

由此条规定可见，第一，补充判决适用于判决有漏判事项情形，漏判事项包括诉讼标的一部分之漏判及诉讼费用漏判。第二，当事人不可单就漏判事项上诉，如果因其他合法事由上诉时，则漏判事项才可以一并在上诉中提出、审理及裁判。第三，漏判事项不论是否经过辩论均可以补充判决途径提出，即漏判事项不仅包括已经过审理，但是裁判时遗漏的情形，还包括辩论与裁判均遗漏的情形。第四，漏判事项适用法律文书为判决，驳回补充判决之声请以裁定为之。

此外，我国台湾地区“民事诉讼法”第 394 条也是关于判决之补充的规定，“法院应依职权宣告假执行而未为宣告，或忽视假执行或免为假执行之声请者，准用第二百三十三条之规定”[②]。根据我国台湾地区“民事诉讼法”规定，宣告假执行由原告向法院声请，由法院宣告，也可以由法院依职权宣告。如果法院在判决中遗漏假执行裁判的，原告可以声请法院作出补充判决。

与判决补充适用判决不同，判决更正适用裁定。我国台湾地区“民事诉讼法”第 232 条是关于判决更正的规定：“判决如有误写、误算或其他类此之显然错误者，法院得依声请或依职权以裁定更正；其正本与原本不符者，亦同。前项裁定，附记于判决原本及正本；如正本已经送达，不能附记者，应制作该裁定之正本送达。对于更正或驳回更正声请之裁定，得为抗告。但对于判决已合法上诉

① 施茂林、陈维钧主编：《详明六法全书》，世一文化股份有限公司 2015 年重编初版，第 480~481 页。

② 施茂林、陈维钧主编：《详明六法全书》，世一文化股份有限公司 2015 年重编初版，第 498 页。

者，不在此限。"[①] 对于该条规定的"显然错误者"，其学者在教科书中解释为："所谓显然错误者，系指判决中所表示者，与法院原来之意思不相符合，依该判决意旨与诉讼事件之内容，法院及诉讼关系人均能一望而知者而言。"[②] 例如，当事人的姓名写错，误将假冒他人的张三作为李四，之后发现李四实为张三，而非误将名字笔误写错。

另外，我国台湾地区陈计男教授的《民事诉讼法论》中还有更具体的关于判决更正与判决补充容易混淆的 8 种具体情形，这表明有许多"显然错误者"的情形没有这么容易判断。例如，"（4）当事人已声明之裁判事项，主文与理由未记载，仅事实有记载时，显难认法院业已裁判，自属声请补充判决范围。（5）当事人已声明之裁判事项，主文与理由均有记载，仅事实未记载，显见法院业已裁判，故属裁定更正范围"[③]。

从日本和我国台湾地区瑕疵判决补充制度中，无法具体确定是否包括本书所研究的裁判主文不明无法具体执行的情形，但从他们的诉讼法学理论来看应当包括这种情形。所以，笔者主张借鉴他们的相关经验设计我国大陆的制度，解决我国大陆司法实务中不断出现的生效裁判主文不明，无法执行的瑕疵裁判问题。

（三）瑕疵裁判救济补正程序设计要素

1. 明确执行根据主文不清无法执行的问题属性。执行根据主文不清，当事人声请执行，案件进入执行程序后，由执行法官解决这个问题，仅为权宜之计，就问题的性质而言，这不是执行权范畴的内容。执行权不论如何被分解、配置，它所包括的权能不外乎执行实施权、执行命令权、执行程序事务裁决权、执行财产调查权等，不可能包括审判权。而执行根据主文不清，以法院判决、调解

---

① 施茂林、陈维钧主编：《详明六法全书》，世一文化股份有限公司 2015 年重编初版，第 480 页。

② 陈计男：《民事诉讼法（二）》，三民书局 2006 年版，第 389 页。

③ 陈计男：《民事诉讼法论（二）》，三民书局 2006 年版，第 382 页。

书、裁定为例，就其性质而言，是审判权范畴的问题，是审判法官对案件诉讼标的判定有缺漏的问题，应当由审判机关补充、完善。如果由执行机关处理，由执行法官调解，实质上为执行权越界行使。最高人民法院的最新司法解释，即 2018 年《立审执协调意见》设置的救济途径，由审判法官书面答复或裁定补正就体现了审判权与执行权分界行使的观念，与笔者的观点相同。但是，因为这是一个实体法问题，故笔者不赞同用裁定补正。

2. 构建执行依据主文不明救济程序。在 2018 年最高人民法院《立审执协调意见》发布实施之前，当执行根据主文不明，无法执行，法院拒绝执行时，如果由执行法官联系审判法官，请审判法官解释明确本无立法依据；以及口头形式解释也缺乏程序规范；由当事人申请再审的方式也不可取，因为申请再审是一个相对耗时的过程，必将加大当事人的程序成本。执行根据主文不明，就法院判决、裁定、调解书而言，属于法院审判法官的疏忽，属于法官诉讼行为瑕疵导致的问题。这种法院法官诉讼行为瑕疵的后果由当事人承担显然不公平，因此需要在程序法上设置补正程序。

执行根据主文不明，应当予以再审救济还是补正救济？如前所述，再审救济对当事人不公平。另外，一审判决主文不明时，应当通过上诉救济，还是专设补正程序救济？调解书的性质决定了其无上诉救济途径，申请再审救济的条件又有特别限制，即只有违反自愿原则、合法原则的才符合申请再审条件，故也无申请再审的救济途径。

笔者认为，设置民事裁判文书补正程序救济最为合理，主要理由如下：

第一，补正程序对当事人而言快捷、经济，经过申请，法院审查，审查后不符合条件的，驳回申请，符合条件的由法院作出补充判决、裁定。

第二，执行根据主文不明，不属于裁判错误，不属于认定事实错误或适用法律错误，故不应通过上诉、申请再审予以救济。

第三，执行根据主文不明属于法院遗漏判决细节事项，不属于法院认定事实不清，适用法律错误或者适用法律不当，不需要给予当事人审级利益或者再审特别救济。

第四，厘清执行权与审判权界域与不同权能，补正程序救济，法院行使审判权形成的瑕疵，无法通过执行权弥补，否则就是“以执代审”，将造成不同机构之权能混乱。

3. 救济程序的建立应当考虑以下几个要素：

第一，程序启动。法院可以依职权启动，当事人也可以依诉讼权利启动。

第二，区别生效裁判与未生效裁判程序救济。如果一审判决主文不清，生效后会导致无法执行，但因有上诉事由，当事方上诉者，可以通过上诉审一并裁判。如果有请求补正利益的一方当事人非上诉人，那么为了方便快捷高效，应当允许被上诉人在上诉程序中提出补正请求。补正请求非上诉请求，虽然两者在形式上类似，但性质不同。故在上诉程序中提出补正请求与审级利益不冲突，应当允许，而不论是否超过上诉期限。

第三，生效裁判文书的申请救济条件。请求救济应当具备以下适用条件：（1）判决书裁判主文事项不具体、不明确，如果申请强制执行，将因裁判事项不明确而无法执行；（2）通常向裁判文书制作法官或合议庭提出，如果可以在上诉程序中一并解决的，则向上诉法院合议庭提出；（3）应当提出书面补正申请；（4）法律应当给作出补正裁判规定一个适当的较短的期限；（5）对判决书、裁定书的补正分别适用判决、裁定。

第四，调解书主文不明无法执行申请救济。调解书出现协议内容不明确无法执行的情况时，以何种法律文书补正？笔者认为，如果对不明确的协议条款可以继续通过调解达成协议的，可以做补充调解书。如果无法达成补充协议应当适用补充判决。

另外，瑕疵裁判补正程序除处理适用于裁判文书主文不明确无法执行的情况外，是否包括裁判文书笔误、误算等文字数据表示错误的情况，对此有不同观点，在对建立我国民事裁判补正程序的研究中，已有观点主张补正程序包括这两类问题，① 笔者认为不应当包括，因为那些问题属于更正，而非补正。笔误、误算之类的问题仍然适用现行法律及现行司法解释的规定予以救济。

即笔者认为，对生效裁判文书而言，瑕疵裁判应当分别设置程序性裁定补正与实体性判决补充两类：程序性补正适用裁定，适用于裁判文书笔误、误算等文字数据表示错误的情况。实体性补充适用补充判决，适用于判决主文不明无法执行的情形。最高人民法院2018年《立审执协调意见》设置的救济途径，由审判法官书面答复或裁定补正，虽然体现了审判权与执行权分界行使的观念，但是有两点不足之处：第一，不分程序性问题与实体性问题界限，均使用裁定，裁判文书笔误、漏写、误算这些程序问题使用裁定，主文不明无法执行这类实体问题也使用裁定，有程序问题与实体问题不分之嫌。第二，书面答复与裁定补正是两种法律文书，两种不同的法律文书适用于同一种情形，不够严谨。

综上所述，笔者认为执行根据主文不明，导致无法执行的瑕疵救济不属于执行权能范畴，而属于审判权能范畴问题，应当通过民事裁判补正程序救济。最高人民法院2015年《民诉法解释》第463条关于申请执行条件的规定，具有厘清执行权与审判权界域的前提价值，该条规定要求执行根据之权利义务主体明确、给付内容明确，法律文书确定履行合同继续的，如何继续履行应当明确。此规定意味着执行根据主文不明的瑕疵不属于我国人民法院执行权能补正的范畴。最高人民法院2018年《立审执协调意见》确定的两种救济途径虽然发展完善了制度规范，但是仍有如前所述之不足。

---

① 参见曹书瑜：《论民事瑕疵裁判的补正程序》，载《人民司法》2006年第6期；陈晓君：《缺陷的弥补与权利的补充救济——民事裁判瑕疵补正程序》，载《法律适用》2008年第9期。

第二节 执行当事人变更追加的审执两权划分

在执行程序进行中，有时会发生申请执行人、法人或其他组织死亡或终止，或与其他组织合并或分立的情形，非执行根据所载的权利主体，会根据法律规定的权利继受关系作为申请执行人，向有管辖权的法院申请强制执行。有时会因被执行人、法人或其他组织死亡或终止，或与其他组织合并或分立，发生被执行人之权利义务承继人可以被追加为被执行人，执行其承继财产范围内之财产，这些情形均为生效裁判的执行力扩张。此外，根据我国法律和司法解释，还有些情况下也会发生执行当事人的变更与追加，可以因权利承继而变更或追加执行当事人，因法律上的利害关系，申请执行人与被执行人及其变更的或追加的这些执行主体会发生争议，即对他们是否为适格执行当事人发生争议。这些争议应当由审判权裁判还是由执行裁决权裁定，法院应当裁定还是判决，成为自 20 世纪 80 年代后期以来法学理论界与执行实务界所争议的问题，成为学界和司法界一直积极研究并不断改进的目标。

一、立法与司法解释的发展

（一）立法与司法解释的发展演进

1982 年《民诉法（试行）》中没有执行当事人变更或追加的规定，这部法律强制执行程序编仅有 23 个条文，简明扼要。1984 年《民诉法（试行）意见》中也没有这方面的规定，这正是经济基础决定上层建筑的真实写照。当时，我国“文革”结束才几年，国家处于从十年政治动乱中恢复期，政治、经济、文化各方面的改革刚刚兴起，国家法制建设刚刚起步不久，诉至法院的民商事纠纷案件虽然逐年快速增长，但是与如今相比，其数量小、类型少、情况比较简单，司法实践尚未提出更多的问题，因此这类问题没有反映在立法与司法解释中。

随着我国各方面、各领域的改革与发展，诉至法院的纠纷案件越来越多，法律关系越来越复杂，强制执行领域面临的法律问题越来越多，执行中需要变更或追加当事人的情况也频频发生。因此，自20世纪80年代后期起，最高人民法院陆续作出几个司法解释性文件"批复"，允许在诉讼和执行中追加当事人。

法院执行实务中，变更或追加当事人的情况越来越多，其中更多的是变更被执行人。正如一位资深法官所言，"变更被执行主体是多年来一直延续的习惯做法，最早可能源于20世纪80年代后半期，主要是根据最高人民法院的几个批复"。[①] 例如，1987年10月28日《最高人民法院经济审判庭关于执行程序中如何变更主体问题的电话答复》，1987年10月15日法（经）复〔1987〕42号《关于企业开办的公司被撤销后由谁作为诉讼主体问题的批复》，此批复实际上既包括企业开办的公司被撤销后由谁作为诉讼主体的批复，也包括执行中追加谁的批复。[②]

1991年制定实施的《民事诉讼法》第213条弥补了这一缺陷，该条规定："作为被执行人的公民死亡的，以其遗产偿还债务。作为被执行人的法人或者其他组织终止的，由其权利义务承受人履行义务。"根据此条规定，执行当事人变更或追加的范围仅限于被执行人，并且缺乏变更执行程序规范，法律规定简单。

1992年最高人民法院制定实施的《民诉适用意见》弥补了这一不足，在"执行程序"部分，以第271条至第274条四个条文确定执行中变更或追加被执行主体时，由执行机构作出裁定，同时补充、细化了民事诉讼法的规定。

1998年，最高人民法院在其《执行规定》中专门设"被执行主体的变更和追加"部分，以8个条文，从第76条至第82条，就

① 黄金龙：《关于人民法院执行工作若干问题的规定实用解析》，中国法制出版社2000年版，第228页。

② 梁书文主编：《中国民事审判》，河北人民出版社1995年版，第1280页。

不同情形，对变更和追加被执行人的类型作了规定。对于“无法人资格的私营独资企业”“个人合伙组织或合伙型联营企业”“企业法人的分支机构”“按法定程序分立为两个或多个具有法人资格的企业”，以及注册资金不实或抽逃注册资金的被执行人，当其无力履行义务时，执行机关可以裁定执行独资企业业主、合伙人或联营法人、分支机构所属的企业法人或该企业其他分支机构、分立后的企业及开办单位的财产或追加这些组织为被执行人。

从这部分变更与追加的规定来看，裁定追加程序的启动不需要申请执行人申请，法院有权直接裁定，体现了被执行人变更和追加程序系法院依职权启动。

这部分司法解释规范的进步意义在于列举了八种被执行主体变更与追加的条件、变更和追加的程序，即由执行机构作出裁定。

2007 年、2012 年民事诉讼法修订未涉及这方面规定，仅因法律修订，条文序号改为第 232 条。

2015 年《民诉法解释》第 472 条至第 475 条仅稍微修订完善了原《民诉适用意见》第 271 条至第 274 条的规定，没有实质性的变化。

2016 年最高人民法院的《执行变更、追加规定》，全局性地设计规范了执行程序中执行当事人被告、追加的程序事项。再次行使司法解释权弥补我国民事诉讼法立法不足的巨大空间，应对执行实务中亟须规范的问题。

（二）执行当事人异议之诉救济制度确立

2016 年最高人民法院发布《追加、变更规定》，共计 33 个条文，对执行程序中变更、追加执行当事人的诸多问题统一规范。主要内容可以归纳为以下三部分：

第一，列举规定执行主体变更、追加具体情形。其中，第 2 条至第 9 条，规定了八种情形下可以变更申请执行人。第 9 条针对胜诉方将生效法律文书权利转让，即执行请求权转让，受让人可否变更为申请执行人的问题，规定许可买受人作为申请执行人，从而否定了之前不允许受让人作为申请执行人的不成文惯例。第 10 条至第 25 条，规定了 15 种情形下可以变更、追加被执行人。

第二，规定了执行当事人变更、追加的程序规范。程序规范部分包括申请主体、法院审查机制、法院裁定、执行当事人不服裁定之救济复议权。

第三，确立执行当事人债务人异议之诉与债权人异议之诉。规定了对 6 种情形下法院依照一方当事人申请作出的执行当事人变更、追加争议裁定的诉的救济。可以提起诉讼的主体包括申请执行人与被申请执行人两方，这种执行救济诉讼与其他执行救济之诉不同，可以归属于执行当事人是否适格的诉讼，但是笔者认为与我国台湾地区的执行当事人资格意义上的执行许可之诉及债务人异议之诉有区别，如前文所述。

这两种执行当事人异议之诉是否属于执行当事人主体资格诉讼，关系到执行力扩张是否大于既判力扩张范畴的观点问题。如果持既判力主体扩张范围与执行力主体扩张范围等同的观点，那么这两种诉不属于执行主体资格之诉。如果持执行力主体扩张范围大于既判力扩张范围的观点，那么这两种诉属于执行当事人主体资格意义上的执行救济诉讼。

二、执行当事人变更追加的主体范围

执行当事人变更追加的主体从被执行人一方扩大至双方。

关于变更、追加的执行主体，我国《民事诉讼法》及 2016 年之前最高人民法院的司法解释仅限于被执行人。1998 年《执行规定》所规范的是“被执行主体”，其第九部分的标题是“被执行主体的变更与追加”，《民事诉讼法》及其最高人民法院《民诉法解释》第 472 条至第 475 条中也有对变更追加被执行人的规范。因此，从立法的角度而言，民诉法及其司法解释所规范的是被执行主体的变更，未包括申请执行主体的变更。

关于变更与追加执行当事人的范围，学术界一向认为变更与追加的主体应当既包括执行权利主体，也包括执行义务主体。即执行力主观范围的扩张，既包括执行权利主体的扩张，也包括执行义务主体的扩张。

虽然有学者于十年前就指出："总的来看，现行法律和司法解释关于执行当事人变更追加的规定主要有两种情形，一种是执行权利主体的变更追加；另一种是执行义务主体的变更追加。"① 然而，这种论断似乎不够准确，因为虽然执行实务中执行当事人的变更追加适用于双方当事人，但是当时的民诉法条文和民诉法司法解释条文中尚无执行力主观范围扩张之申请执行人的规定，即其文章中所指的2007年修订后的《民事诉讼法》第209条、《民诉适用意见》第271条至第274条，以及1998年《执行规定》第76条至第83条。直至2016年11月7日，最高人民法院发布实施的《执行变更、追加规定》司法解释才突破原有主体范围，扩大至执行双方当事人，这体现出现行法律规范逐步发展和完善。

三、执行力主观范围的扩张

执行力主观范围的扩张，是指在特定的情况下，执行机关可以执行非执行根据上载明的有特定法律关系的第三人；或者非执行根据上的与债权人有特定法律关系的第三人，在法律规定的条件下可以向法院依照执行根据申请执行。

因为执行当事人有执行债权人与债务人，即申请执行人与被执行人，故执行力主观范围的扩张分为以下两类：

一是执行债权人主观范围的扩张，通常包括：（1）发生继承时债权人的继承人；（2）法人或其他组织终止后的权利义务承受人；（3）依法对不具备法人资格的有关组织承担义务的法人或者公民个人；（4）其他特定的第三人。

---

① 魏锋：《执行当事人研究——以执行力主观范围扩张为中心》，2009年中国政法大学博士学位论文，第28页。

二是执行债务人主观范围的扩张。关于执行债务人的扩张，有狭义说与广义说。狭义说观念下的执行债务人的扩张与既判力主观范围的扩张范围相一致。广义说观念下的执行债务人的扩张，超越了既判力主观范围的扩张。有学者主张其包括："（1）当事人的权利义务继受人；（2）诉讼担当的被担当人；（3）因承担连带权利义务而负有执行名义确定的给付义务的主体或者享有执行名义确定的受给权的主体；（4）持有属于债务人的财产的人（包括该财产属于执行名义确定的标的物或者执行名义没有确定标的物的情形）；（5）第三债务人；（6）其他依法有义务满足执行名义确定的给付的人，或者其他依法有权利接受执行名义确定的给付的人。"①

四、执行当事人变更与追加之法理根据

（一）既判力主观范围扩张与执行力主观范围扩张

执行当事人变更与追加有两个方面的理论根据，一是既判力主观范围扩张理论；二是执行力扩张理论。

既判力是判决生效后即具有的确定力，即当事人不得就法院已经裁判的事项再行起诉，在其他诉讼中作为攻击或防御方法时，不得为与确定判决意旨相反的主张。为维护法的安定性、权威性及节约司法资源，大陆法系国家和地区一般都设有既判力制度，还都通过立法承认既判力的主观范围在特殊情形下可以向第三人扩张。

既判力有其客观范围、主观范围和时间范围。既判力的客观范围是指当事人之间争议的诉讼标的。其主观范围是指判决效力所约束的主体范围，即哪些主体应当受到判决效力的约束。其时间范围，又称时间基准时，是指已确定判决的既判力作用的时间界限。

根据确定判决既判力主观范围理论，既判力只对提出请求及相对的当事人有约束力，但在例外情况下可以向第三人扩张。通说认

① 相国慧：《论执行力主观范围扩张》，2014 年西南政法大学博士学位论文，第 48 页。

为既判力主观范围的扩张包括：口头辩论终结后的承继人，诉讼担当时的利益归属主体，请求标的物的持有人，第三人通过独立参加即诉讼承受成为当事人的诉讼脱退人，法定情况下的案外第三人。[①] 有学者总结既判力主观范围的扩张"在理论上分为五种情况：(1) 当事人和所有第三人之间都发生既判力作用。(2) 只在第三人和特定第三人之间发生作用。(3) 在特定的和所有的第三人与当事人一方之间发生作用。(4) 在特定的和所有的第三人与当事人双方之间发生作用。(5) 某个第三人与当事人一方之间或者其他第三人与当事人一方或双方之间发生作用"。[②]

判决的执行力是判决效力体系内容之一，通常是指给付判决之债务人，即给付判决之义务人不按照判决履行义务时，债权人即权利人可以依法请求法院强制执行的效力。我国《民事诉讼法》中，还包括法院制作的调解书的债权人，即权利人请求法院对拒不履行调解协议的对方当事人强制执行的效力。"执行力则属于判决等执行名义作为执行案件解决基准的通用效力，是通过强制执行来实现生效法律文书所确定内容的效力。执行力的主观范围，是指执行力所及的主体界限，亦即基于具体的执行名义（执行依据），哪些人可以申请强制执行，可以对哪些人进行强制执行。通常情形下，执行力仅及于执行名义中载明的当事人。但在某些情形下，执行力会发生扩张，其效力及于其他主体。"[③]

根据民事诉讼法学原理，执行力有其界限，其界限包括执行力的客观范围与主观范围两个方面。我国台湾地区的"通说认为，执行力的客观范围与既判力的客观范围一致，不过，近来有学者主

---

① ［日］新堂幸司：《新民事诉讼法》，林剑锋译，法律出版社 2008 年版，第486~490页。

② 参见张卫平：《民事诉讼：关键词展开》，中国人民大学出版社 2005 年版，第322~325 页。

③ 参见肖建国、刘文勇：《论执行力主观范围的扩张及其正当性基础》，载《法学论坛》2016 年第 4 期。

张应当重新考察执行力的客观范围”。[①] 执行力的主观范围是关于执行力涉及的人的界限。所谓人的界限，既包括债权人的界限，也包括债务人的界限。因既判力可以在必要的情况下扩张，故执行力的主观范围也可以扩张。

通常，执行力只及于执行根据所确定的主体及对象，范围明确。但在执行过程中，会因实体权利义务法律责任关系涉及执行根据确定主体之外的其他主体，进而导致需要变更和追加执行当事人。

执行力主观范围扩张的理论是执行当事人变更的理论基础。执行力为何可以扩张，即执行力扩张之根据，我国台湾地区学者许士宦教授在论述继受执行时指出：如果承认执行力扩张至债务人之继受人，对继受人之财产强制执行，所实现的是债权人对继受人的请求权，债务人与其继受人在实体法上系不同的权利义务关系。“此种情形，实体上系执行名义之交流、转用，省略债权人对于继受人取得新执行名义正当根据其在于：公平理念及程序保障……而须对继受人取得新执行名义，则有损胜诉债权人之期待及信赖，致债务人方面得到不能对之执行或不当迁延执行之利益，对债权人而言，亦属过苛，害及当事人间之公平、衡平……”[②]

（二）既判力主观范围与执行力主观范围之关系

关于执行力主观范围与既判力主观范围的关系，理论上有两种不同观点，即“同一说”与“不同说”。[③]

“同一说”认为，既判力主观范围及其扩张与执行力主观范围及其扩张两者相一致。我国台湾地区学者中有持这种主张者，其认

---

① ［日］新堂幸司：《新民事诉讼法》，林剑锋译，法律出版社 2008 年版，第 509 页。

② 许士宦：《继受执行与执行力之扩张——以诉讼系属后之继受人为中心》，载杨与龄主编：《强制执行法实例问题分析》，五南图书出版公司 2000 年版，第 23~24 页。

③ 肖建国、刘文勇：《论执行力主观范围的扩张及其正当性基础》，载《法学论坛》2016 年第 4 期。

为："判决执行力给付之范围，以判决主文为重要依据，其对人之范围，则以判决既判力及于人之范围为范围。"[①] 关于既判力的主观范围，根据我国台湾地区民事诉讼法学理论，其主观范围及于当事人、诉讼系属后为当事人之继受人、诉讼系属后为当事人或其继受人占有请求之标的物者、为他人而为原告或为被告之人、因参加人承担诉讼而脱离诉讼之当事人，以及连带之债之判决在一定范围内，其效力及于未为当事人之连带债务人或连带债权人。[②]

"不同说"认为：执行力与既判力是两种不同的制度，既判力针对当事人双方，执行力仅及于败诉的被告。确定执行力主观范围时，不宜简单以既判力主观范围为限，执行力扩张的主观范围大于既判力扩张的主观范围。虽然既判力的主观范围是执行力主观范围的基础，但是执行力的主观范围有其独立价值，其扩张的范围应当大于既判力扩张的范围。[③]

执行力主观范围扩张主要在三种情形下发生：（1）向当事人的继受人扩张；（2）向请求标的物的直接占有人扩张；（3）向诉讼担当的利益主体扩张。[④] 这一观点认为，当生效判决作为执行依据时，执行力的扩张范围与既判力扩张范围相同。然而，随着支付令、公证债权文书等新型执行依据不断出现，用既判力主观范围理

---

① 杨建华著、郑杰夫增订：《民事诉讼法要论》，北京大学出版社 2013 年版，第 332 页。

② 杨建华著、郑杰夫增订：《民事诉讼法要论》，北京大学出版社 2013 年版，第 332 页。

③ 肖建国、刘文勇：《论执行力主观范围的扩张及其正当性基础》，载《法学论坛》2016 年第 4 期。

④ 如日本《民事诉讼法》第 115 条规定，确定判决对以下所列的人有其效力：（1）当事人；（2）当事人为他人而成为原告或被告时的该他人；（3）在口头辩论终结后本款前两项所列的人的承继人；（3）为本款前三项所列的人而持有诉讼标的物的人。我国台湾地区"民事诉讼法"第 401 条也规定，确定判决，除当事人外，对于诉讼系属后为当事人之继受人者，及为当事人或其继受人占有请求之标的物者，亦有效力。对于为他人而为原告或被告者之确定判决，对于该他人亦有效力。前二项规定，于假执行之宣告准用之。

论来解释执行力扩张的局限性就显现出来了，故学者们提出了执行力主观范围扩张理论，认为“应以三重正当性基础为依据进行思考，即扩张及于第三人有利于一次性解决纠纷、第三人根据实体法规定负有义务或者享有相应权利、第三人程序权能够得到相应保障、法院进行相应审查，就可以扩张执行力”①。据此，执行力的扩张除了可以基于传统既判力扩张理论主张的范围以外，还可以基于连带责任、执行担保、责任财产充实、第三人债务、被执行人财产移转等基础扩张。该主张虽然在一定程度上对既判力扩张的局限性有所突破，但将执行力主观范围与客观范围的扩张合一而论，该理论下的执行力扩张范围与追加执行当事人不完全一致。如基于执行担保扩张，担保人一般仅以其责任财产为范围提供担保，执行力扩张应以责任财产为限，不存在追加其为被执行人、执行力扩张及其人身的问题。

最高人民法院的司法解释即采用了“不同说”的理论。

但是，不论是“同一说”还是“不同说”，执行力与既判力均具有以下不同之处：

“既判力系前诉与后诉之关系上，在后诉维持前诉之确定判决之公权判断，以确保法的安定性者。执行力则系，前诉与强制执行关系上，强制实现判决所命给付之内容，而受合目的性的理念指导者。既判力之扩张，因系前诉、后诉之关系，故对受扩张继受人所提起之新诉发生作用，而执行力之扩张，因系前诉、执行之关系，故具有省略直接对继受人之权利义务提起新诉之作用。”②

执行力与既判力非共生关系，它们可以互相独立存在：第一，确定判决均具有既判力，但不一定均具有执行力。例如，形成之诉的判决因不需要执行而无执行力，但是形成之诉的确定判决必定有

① 向国慧：《论执行力主观范围扩张》，2014 年西南政法大学博士学位论文，第 26 页。

② 许士宦：《继受执行与执行力之扩张——以诉讼系属后之继受人为中心》，载杨与龄主编：《强制执行法实例问题分析》，五南图书出版公司 2000 年版，第 17~18 页。

既判力。第二，有执行力的裁判不一定均有既判力，如外国法上的假执行裁判没有既判力，我国民事诉讼法上的先予执行裁定没有既判力，但却有执行力。第三，法院作出的裁判有既判力，作为执行根据的其他法律文书通常没有既判力。[①]

对于执行当事人变更的深层次原因，有学者指出主要有二："一是执行力的主观范围扩张及于案外第三人；二是案外第三人与执行名义中载明的当事人在主体上具有同一性，当然为执行力所涵盖"[②]。

但是，笔者认为执行力范围扩张不宜扩大，应当限于一定范围。对债权人而言，限于前述自然人的继承人、法人或其他组织终止后的权利义务承受人，依法对不具备法人资格的有关组织承担义务的法人或其他自然人等。对债务人而言，限于自然人的继承人、法人或其他组织终止后的权利义务承受人，诉讼担当的被担当人，被执行财产持有人等。在这个范围内，执行机构有权裁定变更或追加。而对那些因法律上承担连带权利义务，与被执行人之间有法律关系的案外人，执行力扩张到这个实体法律环节主体就不易由执行机构直接裁定变更或追加。

五、变更与追加之执行裁决权还是审判权之争

民事执行权与民事审判权是两种性质不同的权力，理论上二者间的界限应当清楚明晰。但在强制执行领域，如何界定执行权与审判权之作用范围却有许多争议，两者的界限有时较为模糊。关于执行中发生的异议、争议，应当属于执行裁决权行使范围还是审判权行使范围的争议不断。近二十年来在执行领域，两者的界限正经历着从模糊、混乱到清晰、规范的演变过程。

---

① ［德］罗森贝克、施瓦布、戈特瓦尔德：《德国民事诉讼法（下）》，李大雪译，中国法制出版社2007年版，第1144页。

② 魏锋：《执行当事人研究》，2009年中国政法大学博士学位论文，第16页。

在变更与追加执行当事人的问题上，所争议的问题是，应行使执行权裁断还是审判权判断？变更与追加执行当事人所引起的争议，是属于审判权判断的范畴还是属于执行权裁断的范畴？这些理论争议直接关系着执行当事人变更与追加制度设计，关系着执行当事人及执行力扩张之主体的权利保障。

(一) 法律司法解释及司法实务

我国《民事诉讼法》和最高人民法院关于执行的大量的司法解释，是执行程序中变更和追加执行当事人的法律规范依据。

如前所述，1991 年颁布实施的《民事诉讼法》第 213 条规定："作为被执行人的公民死亡的，以其遗产偿还债务。作为被执行人的法人或者其他组织终止的，由其权利义务承受人履行义务。" 1992 年最高人民法院的《民诉适用意见》第 271 条至第 274 条对被执行人的变更或追加也作了规定。1998 年最高人民法院《执行规定》第 83 条规定："依照民事诉讼法第二百一十三条、最高人民法院关于适用民事诉讼法若干问题的意见第 271 条至第 274 条及本规定裁定变更或追加被执行主体的，由执行法院的执行机构办理。" 但有的地方法院在司法实践中，作为一种试验，作了部分变通规定，如 2009 年 3 月 3 日《广东省高级人民法院关于办理执行程序中追加、变更被执行人案件的暂行规定》第 2 条规定根据不同的情形，由民事审判庭和执行机构分别对追加的案件进行审查。[①] 虽然民事审判庭也可以审查执行当事人的变更、追加申请，但通过检索"中国裁判文书网"，笔者发现广东省人民法院均以裁定书的方式追加被执行人，没有通过审理作出判决的方式追加。

通过执行机构作出裁定的方式变更或追加执行当事人，特别是被执行人，虽快捷、高效价值显然，但其审查、裁定的客体是被执

① 参见《广东省高级人民法院关于办理执行程序中追加、变更被执行人案件的暂行规定》，载 http://www.lawtime.cn/article/lll101690320101695414oo50365，2016 年 8 月 20 日访问。

行人与案外人之间的实体法律关系，对实体法律关系的裁断适用了非审判方式、非讼方式，这与诉讼法理及非讼法理有冲突。

2011 年 11 月 19 日最高人民法院发布的《关于执行权合理配置和科学运行的若干意见》第 21 条明确规定："执行过程中依法需要变更、追加执行主体的，由执行局按照法定程序办理；应当通过另诉或者提起再审追加、变更的，由审判机构按照法定程序办理。"从上述规定来看，制度设计为变更和追加执行当事人的事宜由执行机构决定，作出裁定。

（二）两种不同观点

变更与追加执行当事人，应由执行机构行使裁定权还是由审判机构行使裁定权，我国理论界有两种不同观点：

1. 审判变更、追加说。这种观点认为，基于审执分离的基本理念，变更、追加被执行人因涉及案外人实体权利和责任，改变了原判决权利义务主体，即改变了原执行根据之债务人，故应由审判庭通过诉讼途径审理后，作出变更裁判。而执行机构无实体权利义务审判职能，由其决定不符合法理。

持这种学说者为少数，因为审理裁判的程序耗费大，时间长，有碍执行工作及时、快速、高效进行。因此，有学者认为，应当区分变更、追加的不同情形，适用不同的变更、追加程序。

笔者主张可以把需要变更、追加的情形分为以下两类：

一类是法律关系明确，仅需证明其形式要件的，适用程序审查，执行机构作出裁定即可。例如，对执行当事人的继承人、法人或其他组织依据行政管理法规终止后的权利义务承受人这种主体，只要他们提供继承证明文件和工商行政管理部门的档案文件就可以证明其承继执行当事人的资格。对这些执行当事人的变更、追加，执行机关经过审查，作出裁定即可。对为被执行人或其继受人占有或持有执行标的物之人的审查就更为直观、简单，故由执行机关审查后作出裁定即可。

另一类是执行当事人与被变更、追加的当事人之间具有连带责任法律关系或债权债务法律关系，需要证明其实质要件的，适用审判程序予以裁判。对需要揭开公司面纱，将执行力扩张至公司股东的情形，尤其需要通过审判程序追加、变更。

把需要变更、追加的情形分为两类，换言之，即以既判力主观范围扩张理论为标尺进行分类：

一类是在既判力主观范围扩张内的执行当事人的变更、追加，法院执行机关进行形式要件审查，符合条件者作出裁定变更、追加。

另一类是不属于既判力主观范围扩张内的执行当事人的变更、追加，规定以诉讼途径进行，申请执行人主张对非既判力主观范围可以扩张的案外第三人，执行力扩张及该第三人的，应当由申请执行人向该当事人提起诉讼，由法院审理后作出判决，实现执行力对其之扩张效果。

这种制度设计的优点是充分保障了被变更、追加的被执行人的程序利益，充分保障了他们的辩论权、庭审权。缺点是众所周知的程序耗费大，申请执行人实现债权的时间成本高，法院执行机关执结案件的周期长，时间效率低。正因为这些缺点，所以最高人民法院司法解释坚持程序性审查，裁定变更、追加的立场，而不纠结审判权与执行权上的冲突。

2. 裁定变更、追加说。这种观点则认为："执行程序中变更、追加被执行人，能够'省去申请执行人对第三人提起诉讼以取得执行依据的必要'，减少当事人的讼累和实现法的安定性，对于及时兑现债权人利益颇具意义。"① 即由执行机关决定变更、追加执行当事人省略诉讼环节，提高执行效率，所以不需要经审判机关审理后作出裁判。目前，最高人民法院的司法解释《执行变更、追加规定》即采用此种观点。同时，为了保障被变更、被追加的执

---

① 刘贵祥：《执行程序变更、追加被执行人若干问题之检讨》，载《人民法院报》2014年7月2日第8版。

行当事人的程序公正，又赋予他们提起异议之诉的权利。

六、变更追加之程序救济与实体救济

2016年11月7日最高人民法院发布的《执行变更、追加规定》，制定了执行当事人变更、追加之程序规范纲要：1. 列举规定了申请执行人和被申请执行人变更、追加的二十几种情形。2. 变更、追加程序由执行当事人以书面申请方式启动。3. 变更、追加的法律关系需要一般证明，申请人向法院提供证据。4. 执行机关审查，以合议庭审查，并公开听证为原则，非合议庭审查为例外。前者适用于一般执行案件，后者适用于简单的执行案件。5. 审查结果，适用裁定。申请理由成立者，裁定变更、追加；理由不成立者，裁定驳回。6. 救济途径，为不同情形的变更、追加执行当事人设立了两种不同的救济途径。（1）程序性救济：申请人不服裁定的，可以向上一级法院申请复议。上一级法院组成合议庭审查后作出裁定。（2）实体性救济：对被执行人为有限合伙企业、企业法人、公司、一人公司，其责任财产不足以清偿债务，申请人申请变更、追加未按期足额交纳出资的合伙人、股东、出资人、法定的该出资承担连带责任的发起人，抽逃出资的股东、出资人，未出资而转让股权的原股东，不能证明公司财产与自己财产各自独立的一人公司股东，未进行公司清算即注销公司登记的股东及有限责任公司董事和控股股东等，不服法院变更、追加裁定的，可以提起债权人异议之诉或者债务人异议之诉。

这种债务人异议之诉与一般执行救济的债务人异议之诉不同，是一种债务人不适格的异议之诉。但是，以笔者的浅见，这种债务人异议之诉与本书第三章所介绍的我国台湾地区“强制执行法”中执行当事人资格或当事人适格意义上的救济之诉，在外观上非常近似，但在实质上有差异，分析理由如前所述。

笔者认为，在执行过程中需要变更和追加执行当事人的，是交由执行机构裁判还是交由审判机构裁判，既是一个执行权与审判权界域的问题，又是一个效率与执行当事人程序保障的价值选择问题。

由执行机构审查后裁定，不服裁定再行请求复议权利的救济，可以节约时间、审判资源，有利于申请执行人尽快实现执行根据所确定的权利，有利于防止被执行人滥用权利，借诉讼拖延时间，损害申请执行人的权益、利益。

但是，其弊病在于超越了执行权范畴，此乃其一；其二，执行当事人变更、追加涉及实体权利义务关系的认定，当事人不服者，不允许诉讼救济，实际上剥夺了其陈述、辩论的权利，违背诉讼法理。

反之，均由审判机构审理，必然因诉讼程序按顺序进行而耗时费力，降低效率，特别是被滥用权利者利用而损害对方当事人利益。而对于滥用权利，我国《民事诉讼法》尚无规制措施，特别是理论研究尚未展开，理论尚未为立法奠定基础。所以，如何设计变更、追加执行当事人制度，需要依据比例原则，考虑、平衡双方当事人之利益，作出最佳选择。该规定，对变更、追加执行当事人裁定，分别赋予了当事人程序性救济与实体性救济。

对《执行变更、追加规定》第2条至第16条，除第14条第2款外之情形的变更、追加的裁定或驳回申请的裁定，当事人不服的可以向上一级法院提出申请复议；对第14条第2款及第17条至第21条情形下的变更、追加裁定，当事人不服的，可以提起诉讼救济，在裁定书送达之日起十五日之内提起。程序性救济与实体性救济适用情形有区别，适用程序性救济，可以向上一级法院复议的，被变更、追加的执行人和原被执行人，与执行根据所载之原执行人和被执行人之间的法律关系，导致被追加的法律关系有法律文书凭证或其他公文书证，如《执行变更、追加规定》第2条规定，作为申请执行人的公民死亡或被宣告死亡，变更或追加其遗嘱执行人、受遗赠人、继承人或因其死亡或被宣告死亡而承继生效法律文书所确定的权利者，该公民与这些申请变更、追加者之间的权利承继关系有亲属关系证明、宣告死亡判决、遗嘱、遗赠文书等法律文书证明，这些法律文书及亲属关系证明之证明力很高，可以作为执行机构裁定的根据。在此情况下，如若尚需经过诉讼确认他们之间的实体法律关系，无疑多余。所以，若执行当事人不服裁定，仅给予程序救济，复议即可。实体性救济，可以提起诉讼，通过诉讼程序审理后作出裁判的，变更、追加的执行当事人与执行根据所载之当事人之间的法律关系，是以法定的条件事实为基础。例如，合伙人、股东、出资人、对出资具有连带关系的公司发起人等由于出资不到位，被申请变更、追加的，该事实之证明之性质不同于前述法律文书之性质，通常证明力不高。因此，对执行机构依此作出的裁定不服者，需要给予诉讼救济，通过证明、辩论方式和程序，由审判法官审理裁判。

但是，笔者认为，从被追加变更主体的程序保障权而言，对《执行变更、追加规定》第 14 条第 2 款及第 17 条至第 21 条情形下的变更、追加，仅通过执行机关裁定，就将被执行人的有限合伙企业，在其财产不足以清偿生效法律文书确定的债务时，变更、追加未按期足额缴纳出资的有限合伙人为被执行人；对财产不足以清偿生效法律文书确定的债务，直接裁定变更、追加未缴纳或未足额缴纳出资的股东、出资人或依公司法规定对该出资承担连带责任的发起人为被执行人，追加他们为被执行人，在尚未缴纳出资的范围内依法承担责任；对财产不足以清偿生效法律文书确定的债务，直接裁定变更、追加抽逃出资的股东、出资人为被执行人，在抽逃出资的范围内承担责任；对财产不足以清偿生效法律文书确定的债务，直接裁定变更、追加未依法履行出资义务即转让股权的原股东，或依公司法规定对该出资承担连带责任的发起人为被执行人；对财产不足以清偿生效法律文书确定的债务的一人有限责任公司，股东不能证明公司财产独立于自己的财产时，直接裁定变更、追加该股东为被执行人；对未经清算即办理注销登记，导致公司无法清算的公司的股东，直接裁定变更、追加有限责任公司的股东、股份有限公司的董事和控股股东为被执行人的六种情况，对这些被变更、追加的被执行人的程序保障不足。原因如下：

第一，根据该《执行变更、追加规定》，对事实清楚、权利义务关系明确、争议不大的案件仅通过执行机关行使程序性审查权，当事人未经过辩论、质证，就以适用程序判断事项的裁定令其履行强制执行义务，超越了执行权能范畴，使执行权担当了审判权的角色。

第二，根据该《执行变更、追加规定》，对上诉当事人被申请裁定变更、追加为被执行人的，对不属于事实清楚、权利义务关系明确、争议不大的案件，执行法院应当组成合议庭审查并公开听证。组成合议庭审查并公开听证，实质上等同于开庭审理。

第三，对执行机关作出的裁定不服的，该被变更、被追加者可以提起执行异议之诉。这种程序设计，可能是出于程序快捷的考虑，但当被变更、被追加者不服而提起异议之诉的，反而使程序变得烦琐，即在提起诉讼之前多增加了一道程序。

因此，笔者认为应当区别执行权与审判权的适用，对上诉六种被执行人的变更、追加应当设计为由申请执行人对他们提起诉讼，通过审判程序来变更、追加。

第三节 对被执行人配偶的追加问题及完善

对被执行人配偶的追加是执行当事人的变更与追加的重要组成部分，但由于其特殊性，故单独作为一节进行论述。对被执行人配偶的追加系指作为被执行人的夫或妻，不能履行或者不能完全履行义务时且执行根据未明确债务性质的前提下，而将其妻或夫追加进来，与作为被执行人的夫或妻共同承担履行义务的责任。

当前，我国社会诚信体系的确立尚处于起步阶段，被执行人规避、逃避债务现象较为严重，以假离婚、转移财产等方式规避执行的现象时有发生。案件进入执行程序，在执行根据尚未确定债务性质的情形下，一旦被执行人名下无财产可供执行，申请执行人常以被执行人债务发生在婚姻关系存续期间而推定为夫妻共同债务为由申请追加被执行人配偶为被执行人，进而执行配偶名下的财产。对于该问题的处理，现行法律没有明确规定，执行实践中处理方式也不尽相同。当执行根据只确定夫或妻一方为被执行人，且该被执行人的个人财产不足以清偿全部债务时，对夫妻共有财产以及夫或妻另一方（以下简称配偶）的个人财产如何执行是法院强制执行领域面临的难题。因而，进一步研讨执行程序中追加配偶为被执行人的做法，进而规范对夫妻共同财产及配偶名下个人财产的执行，尤为重要。

一、对被执行人配偶的追加的现实困境

在民事执行程序中，能否追加被执行人配偶为被执行人及执行其名下的财产，现行法律、司法解释没有明确规定，这导致司法实践中各地法院标准不同，主要形成以下四种司法政策。

（一）不能追加、不得执行论

北京市高级人民法院持此种观点，即在执行阶段不得追加被执行人配偶为被执行人，2013 年修订的《北京市法院执行工作规范》第 539 条第 1 款规定：“执行依据确定的债务人为夫妻一方的，根据现行法律和司法解释的规定，不得裁定追加被执行人的配偶为被执行人。申请执行人主张执行依据确定的债务为夫妻共同债务，申请追加被执行人的配偶为被执行人的，告知其通过其他程序另行主张。”① 其主要理由为“变更和追加被执行人的法律依据，必须要有法律和司法解释的明确规定”，“目前我国关于执行程序中追加

① 北京市高级人民法院研究室：《北京市法院执行工作规范》，载 http://blog.sina.com.cn/s/blog_44c6ed600102veue.html，2016 年 8 月 20 日访问。

被执行人配偶的问题并没有明确的法律规定，因此不应追加”。[①]

（二）不予追加、直接执行论

浙江省高级人民法院持这种观点，即不需追加配偶为被执行人，但可认定执行所涉债务是否为夫妻共同债务，如是，则可予以执行，否则不能执行。2014 年 1 月 27 日浙江省高级人民法院印发的《关于执行生效法律文书确定夫妻一方为债务人案件的相关法律问题解答》中规定："执行依据确定夫妻一方为债务人（指夫妻一方参加诉讼、仲裁或者公证），且未明确债务性质的，可以执行该债务人个人名下的财产或者夫妻共同财产中属于债务人的份额。执行机构根据相关证据经审查判断属于夫妻共同债务的，可以执行夫妻共同财产。夫妻共同财产经执行仍不足清偿的，可以执行夫妻另一方的个人财产。个人财产是指《婚姻法》及其司法解释明确规定属于夫妻一方个人所有的财产。"对于债务性质，经判断为夫妻共同债务时该解答还规定："执行机构可直接作出裁定查封、扣押、冻结、变价夫妻共同财产或者非被执行人的夫妻另一方名下的财产，而无须裁定追加夫妻另一方为被执行人。执行裁定书主文部分应当写明执行的具体财产。"[②] 该解答同时也规定被执行人配偶有提出异议的权利。

（三）有条件追加论

上海市高级人民法院持这种观点，2005 年 4 月 20 日上海市高级人民法院印发的《关于执行夫妻个人债务及共同债务案件法律适用若干问题的解答》中规定："对于夫妻共同债务案件，则男女

---

① 该观点在《北京市高、中级法院执行局（庭）长座谈会（第二次会议）纪要——关于变更或追加执行当事人若干问题的意见》中予以明确。载 http://blog. sina. com. cn/s/blog_557c3d6b0102uyl2. html，2016 年 8 月 20 日访问。

② 浙江省高级人民法院：《关于执行生效法律文书确定夫妻一方为债务人案件的相关法律问题解答》，载 http://blog. sina. com. cn/s/blog_53a5a6790101u7lw. html，2016 年 8 月 20 日访问。

双方均是被执行人，可以执行其夫妻共同财产和各自的个人财产。”① 当然，法院要先对执行依据中认定的债务是个人债务还是夫妻共同债务作出判断。“执行依据中没有对债务性质作出明确认定，申请执行人主张按被执行人夫妻共同债务处理，并申请追加被执行人配偶为被执行人的，执行机构应当进行听证审查，并根据下列情形分别作出处理：（一）应当认定为被执行人个人债务的，作出不予追加决定；（二）须另行诉讼确定债务性质的，作出不予处理决定；（三）除应当认定为个人债务和执行中不直接判断债务性质的情形外，可以认定为夫妻共同债务，裁定追加被执行人配偶为被执行人。”② 同时，在追加被执行人配偶时，赋予被执行人配偶以异议的权利，以期能在追加程序中保障被追加人申辩的权利。

（四）可以追加论

江苏省高级人民法院和广东省高级人民法院持此种观点。江苏省高级人民法院认为，执行实施机构有权审查并作出是否追加的裁定。其在 2014 年 5 月 27 日印发的《关于执行疑难问题的解答》中规定：“执行依据中对债务性质已明确认定为个人债务的，不应在执行过程中追加被执行人的配偶（以下均包括原配偶）为被执行人。执行依据中没有对债务性质作出明确认定、申请执行人曾经在诉讼过程中撤回对配偶方的起诉、调解书虽列明配偶为当事人，但是未要求其承担实体责任的，执行过程中，申请执行人申请追加被执行人配偶为被执行人的，执行实施机构均应当予以审查，并作出是否追加的裁定。”③

---

① 上海市高级人民法院：《关于执行夫妻个人债务及共同债务案件法律适用若干问题的解答》，载 http://wenku.baidu.com/view/01e73f4ecf84b9d529ea7a00.html，2016 年 8 月 20 日访问。

② 上海市高级人民法院：《关于执行夫妻个人债务及共同债务案件法律适用若干问题的解答》，载 http://wenku.baidu.com/view/01e73f4ecf84b9d529ea7a00.html，2016 年 8 月 20 日访问。

③ 江苏省高级人民法院执行局：《关于执行疑难问题的解答》，载《审判研究》2014 年第 1 期。

广东省高级人民法院认为，执行异议申请中，根据请求的不同分别由不同的部门处理，意即在执行阶段可以追加被执行人配偶为被执行人。其在2009年3月3日印发的《广东省高级人民法院关于办理执行程序中追加、变更被执行人案件的暂行规定》中规定：“（一）当事人、利害关系人以下列事由提出追加、变更被执行人申请的，由执行机构负责审查……（二）当事人、利害关系人以下列事由提出追加、变更被执行人申请的，由相关民事审判庭负责审查：1. 因债务人个人财产不足清偿债务，申请追加其家庭成员为被执行人的……”① 通过检索中国裁判文书网发现，广东省人民法院多以民事裁定书的方式追加被执行人配偶为被执行人，而非以民事判决书的形式作出。

二、追加被执行人配偶的理论争议

对能否追加被执行人配偶为被执行人的问题，目前理论界形成截然不同的两种观点。

（一）肯定论

部分专家学者主张追加，其理由如下：

1. 追加有法律依据。我国《婚姻法》规定：夫妻对共同所有的财产有平等的处分权，夫妻关系存续期间的债务应由夫妻双方共同偿还。《婚姻法司法解释二》第24条规定，债权人就婚姻关系存续期间夫妻一方以个人名义所负债务主张权利的，应当按夫妻共同债务处理；第25条规定，当事人的离婚协议或者人民法院的判决书、裁定书、调解书已经对夫妻财产作出处理的，债权人仍有权就夫妻共同债务向男女双方主张权利。②

---

① 广东省高级人民法院：《广东省高级人民法院关于办理执行程序中追加、变更被执行人案件的暂行规定》，载 http://www.lawtime.cn/article/lll101690320101695414oo50365，2016年8月20日访问。

② 李民：《论追加被执行人的配偶为被执行主体》，载《重庆工商大学学报（社会科学版）》2008年第4期，第86页。

2. 追加是基于审判现状。“我国的审判实践中对于起诉夫妻一方欠债的，不追加配偶，也不能判断是否为夫妻共同债务。基于这一审判现状，如果执行中不处理夫妻共同债务的问题，实体法的相关规定将难以实现。”①

3. 追加有利于提高执行效率。“强制执行以快速、及时、不间断地实现生效法律文书中所确定的债权为己任，是执行机关在执行根据合法的前提下，追求迅速、经济和适当的理念而实施的，旨在从事实上实现债权人权利的行为。在对夫妻一方的强制执行程序中，在无财产可供执行的情况下，如不追加债务人配偶为被执行人，债权人势必重新起诉债务人之配偶，然而，重新起诉在诉讼请求、事实依据、证据等方面均与原审相同，重复的审理会造成司法资源的极大浪费。”② 因此，“为了债权人的利益，也为了维护司法的尊严，应当有效率地塑造强制执行程序：必须迅速展开和实施执行措施，复杂的和浪费时间的审查程序，应予避免”。③

4. 追加有利于实现债权人权益。由于社会诚信缺失，被执行人往往绞尽脑汁转移财产，规避法律责任，规避人民法院强制执行，阻挠债权人顺利实现债权，催生众多“空调白判”，严重损害债权人的合法权益，践踏“诚实信用”交易规则，损害法治权威，践踏社会公平正义。为了保障债权人合法权益及时实现，规制债务人规避执行行为，有必要依法将有财产的债务人配偶追加为被执行人，扩大被执行人财产范围，防止“老赖”假借既判力限度理论恶意规避执行。

---

① 最高人民法院执行局编：《执行工作指导》（第2辑），人民法院出版社2013年版，第47页。

② 常廷彬：《民事判决既判力主观范围研究》，中国人民公安大学出版社2010年版，第147页。

③ ［德］博克哈特·海斯：《中国强制执行法草案与欧洲执行法的比较》，载《强制执行法的起草与论证》（第二册），中国人民公安大学出版社2004年版，第57页。

5. 追加有利于维护生效裁判的稳定性。追加可以避免重复诉讼，申请执行人如果对同一事实和理由再次提起诉讼，势必会延长执行期限，增加债权人的诉讼成本，有浪费司法资源的倾向。

（二）否定论

部分专家学者认为不能追加，主要理由如下：

1. 追加与执行法定原则不符。执行权具有公权性质，应当遵循公权行使的一般原则即“法无授权皆禁止”。[①] 目前，规定可以追加被执行人的法律依据只有《民事诉讼法》、最高人民法院的司法解释，而追加被执行人配偶并不符合上述规定的法定条件，直接追加被执行人配偶没有法定授权依据。

2. 追加突破了既判力主观范围的相对性。在债务人配偶未被执行依据确定为被执行人的情况下，应严格遵守“既判力的限度”，无论是债权人、被执行人，还是人民法院，均应以已确定的终局判决所裁判的结果为准，法无明文规定即禁止，执行强制力不得擅自扩张到债务人配偶，即不得追加债务人配偶为被执行人，且不得强制执行债务人配偶的财产。[②]

3. 追加混淆了裁判与执行规则。直接引用《婚姻法司法解释二》第 24 条，把未参加诉讼的配偶另一方直接追加为被执行人，显然不合适。因为当时制定这个司法解释本身就是司法审判的裁判标准，而非执行规则。夫妻共同债务应当通过审判程序来认定，不能由执行程序认定。因为如果夫妻共同债务可以通过执行程序认定，那没有参加诉讼的配偶一方就失去了利用一审、二审和审判监督程序维护自己合法权益的机会，这是不公平的。[③]

---

① 王鑫：《裁判规则不属执行权的授权性规定案件：执行不应直接追加债务人配偶为被执行人》，载《人民法院报》2015 年 2 月 10 日第 3 版。

② 王超云：《追加债务人配偶的路径选择及制度架构》，载 http://legal.china.com.cn/2014-12/02/content_34203883.htm，2016 年 8 月 20 日访问。

③ 王春霞、罗书臻：《家事审判改革为相关立法提供实践依据——专访最高人民法院审判委员会专职委员杜万华》，载《人民法院报》2016 年 3 月 3 日第 1 版。

4. 追加不利于保护被追加一方的诉讼权利。"在执行程序中直接将未参加诉讼的被执行人配偶追加为被执行人，须确定执行依据所涉及的债务为共同债务，而对该事实的认定涉及被执行人配偶的实体权利。涉及新的当事人承担实体权利时，最好通过审判程序来确定，使其有机会在言词辩论中声明自己的主张，通过保证当事人充分行使诉权来有效确保其实体权利不被侵害。"①

5. 追加不利于贯彻"审执分离"的法律原则。审判阶段与执行阶段应当承担不同的任务，执行阶段不应变相"改变"已经生效的裁判文书所确定的义务主体，不予追加可以避免在执行阶段因追加被执行人而减损生效判决的既判力。

（三）折中论

还有部分专家学者认为可以酌情追加，主要理由为：能否追加被执行人的配偶为案件的被执行人，关键是要查清该债务是否属于夫妻共同债务，若裁判文书所确定的债务属于夫妻关系存续期间的共同债务则可追加被执行人的配偶为案件的被执行人，否则就不能追加为被执行人。依照最高人民法院《婚姻法司法解释二》第24条规定，婚姻关系存续期间夫妻双方所负的债务，只要不能举证证明系个人债务的，就应当作为共同债务处理，追加其配偶为被执行人。②

三、被执行人配偶追加争议成因分析

追加被执行人配偶问题之所以在司法实践中和理论上存在诸多争议，其原因除了法律规定的不明确之外，还有最高人民法院的意见不统一以及审执分离原则下的限制。

---

① 张卫平：《程序公正实现中的冲突与平衡——外国民事诉讼研究引论》，成都出版社1993年版，第359页。

② 李民：《论追加被执行人的配偶为被执行主体》，载《重庆工商大学学报（社会科学版）》2008年第4期，第86页。

（一）法律规定不明确

目前，执行程序中关于追加被执行人的相关规定，散见于《民事诉讼法》第232条、最高人民法院《执行规定》第76条至第83条、《民诉法解释》第472条至第475条、《执行变更、追加规定》，其中主要涉及法人或其他组织的分立、合并、撤销、注销及公民死亡等情形。而关于执行程序中追加被执行人配偶的规定，除了最高人民法院《关于依法制裁规避执行行为的若干意见》第20条[①]规定之外，没有其他明确规定。虽然最高人民法院2017年发布实施的《执行变更、追加规定》第3条涉及离婚后原配偶申请变更、追加，但该条是关于离婚后原配偶持离婚判决，就原夫妻财产分割判决申请变更、追加为执行人的规定，“作为申请执行人的公民离婚时，生效法律文书确定的权利全部或部分分割给其配偶，该配偶申请变更、追加其为申请执行人的，人民法院应予支持”。[②] 此非追加为被执行人的规定。

另有学者认为，追加被执行人的法律规范根据，除了上述程序法规定的几种情形之外，实体法的规定也可以成为追加的法律依据。例如，《婚姻法》第41条以及《婚姻法司法解释二》第24条规定，在婚姻关系存续期间夫妻一方所举的债务除了两种特殊情形之外，均应推定为夫妻共同债务，因此，可以适用上述条款追加被执行人配偶。这也是导致司法实践中适法困惑和理论分歧的主要原因。

（二）最高人民法院观点模糊

针对能否追加被执行人配偶为被执行人，最高法院的意见不统

---

① 最高人民法院《关于依法制裁规避执行行为的若干意见》第20条：“依法变更追加被执行主体或者告知申请执行人另行起诉。有充分证据证明被执行人通过离婚析产、不依法清算、改制重组、关联交易、财产混同等方式恶意转移财产规避执行的，执行法院可以通过依法变更追加被执行人或者告知申请执行人通过诉讼程序追回被转移的财产。”

② 参见《最高人民法院关于民事执行中变更、追加当事人若干问题的规定》。

一，也是导致司法实践中各地法院理解不同、做法有异的重要原因。

1. 2004年7月16日，最高人民法院执行工作办公室起草的《关于变更和追加执行当事人的若干规定（征求意见稿）》（以下简称《征求意见稿》）通过《人民法院报》及“中国法院网”向社会公布，征求社会各界的意见和建议。该《征求意见稿》第4条规定，婚姻关系存续期间的债务，除法律文书确定其为个人债务外，推定为夫妻共同债务，可以执行夫妻共同财产。共同财产由债务人一方的配偶占有时，可以追加其配偶为被执行人。

2. 最高人民法院关于《人民法院能否裁定被执行人的配偶为被执行人?》的答复中指出，“被执行人所欠债务是夫妻共同生活所负债务，现在其下落不明或暂无履行能力，并且夫妻没有离婚，此时其配偶又有履行能力……此时，如果夫妻共同财产不足以清偿夫妻共同生活所负债务，被执行人的个人财产也不足以清偿夫妻共同生活所负债务时，人民法院才可以根据婚姻法第四十一条夫妻应对夫妻共同生活所负债务承担无限连带责任的规定，裁定追加被执行人配偶为被执行人，以被执行人配偶的个人财产清偿共同债务”。①

3. 2011年3月最高人民法院执行局起草的《强制执行法草案（第六稿）》（以下简称《草案》）中也有类似规定，该《草案》第23条规定：“除执行依据中确定的义务人外，下列主体可以作为执行债务人……（四）执行依据确定或者依执行依据推定的夫妻共同债务的夫或者妻，包括前夫或前妻……”②

4. 最高人民法院在吴某某、王某与林某某合同纠纷、申请承认与执行法院判决、仲裁裁决案件执行复议案，即〔2015〕执复

---

① 《人民司法》研究组：《人民法院能否裁定被执行人的配偶为被执行人?》，载《人民司法·应用》2009年第9期。

② 江必新、贺荣主编：《强制执行法的起草与论证（三）》，中国法制出版社2014年版，第581页。

字第3号案件中，对福建省高级人民法院依据《婚姻法司法解释二》第24条追加被执行人配偶为被执行人的行为予以认可。由此可见，直至2015年，最高人民法院对关于执行程序中追加被执行人配偶问题持支持态度。但随着审判执行实践的发展，针对同样的问题，最高人民法院在此后的司法实践中又提出了截然不同的观点。

（1）2015年11月24日，最高人民法院就上海瑞新恒捷投资有限公司（以下简称上海瑞新）以债务发生在被执行人王宝军和其配偶吴金霞的婚姻关系存续期间系共同债务为由，申请追加被执行人王宝军配偶吴金霞为被执行人一案的裁定指出："申请执行人上海瑞新根据婚姻法及婚姻法司法解释等实体裁判规则，以王宝军前妻吴金霞应当承担其二人婚姻关系存续期间之共同债务为由，请求追加吴金霞为被执行人，甘肃高院因现行法律或司法解释并未明确规定而裁定不予追加，并无不当，上海瑞新的申诉请求应予驳回。但是，本院驳回上海瑞新的追加请求，并非对王宝军所负债务是否属于夫妻共同债务或者吴金霞是否应承担该项债务进行认定，上海瑞新仍可以通过其他法定程序进行救济。"①

（2）2016年3月，最高人民法院有关负责人在关于夫妻共同债务答记者问时，曾提及在执行程序中依据《婚姻法司法解释二》第24条，把未参加诉讼的配偶另一方直接追加为被执行人，"这显然不合适……这个司法解释本身就是司法审判的裁判标准，夫妻共同债务的认定只能在审判阶段不能在执行阶段"。② 由此可见，最高人民法院内部对该问题尚未取得共识。

（3）2017年修订后的《婚姻法司法解释二》第24条，为变

① 最高人民法院（2015）执申字第111号执行裁定书，载中国裁判文书网：http://wenshu.court.gov.cn/content/content? DocID = 6c14c222 - c7dc - 4f78 - b27e - 3859508e81de，2016年8月20日访问。

② 杜万华：《最高院大法官杜万华关于"夫妻共同债务相关问题"答记者问》，载http://www.110.com/ziliao/article-577624.html，2016年10月21日访问。

更、追加债务人的配偶或原配偶增加了限制性条件。根据原《婚姻法司法解释二》第 24 条，有的法院在执行中追加债务人配偶或前配偶为被执行人，在有些情况下损害了被变更、追加人的合法权益，在社会上引起了较大的反响。作为各方利益博弈的结果，2017 年 2 月 28 日，最高人民法院公布《关于适用〈中华人民共和国婚姻法〉若干问题的解释（二）的补充规定》，在《婚姻法司法解释二》第 24 条的基础上增加了两款规定，“债权人就婚姻关系存续期间夫妻一方以个人名义所负债务主张权利的，应当按夫妻共同债务处理。但夫妻一方能够证明债权人与债务人明确约定为个人债务，或者能够证明属于婚姻法第十九条第三款规定情形的除外”，“夫妻一方与第三人串通，虚构债务，第三人主张权利的，人民法院不予支持”，“夫妻一方在从事赌博、吸毒等违法犯罪活动中所负债务，第三人主张权利的，人民法院不予支持”。

（三）执行权与审判权分离原则之反射

审执分离是我国民事诉讼法中的一项重要原则，即审判权和执行权相互独立，彼此分离。审判权是司法裁判权，而执行权是司法行政性权力，审判权和执行权分别由不同的机关或部门行使，符合这两种权力的不同属性，有利于维护司法公正，也是世界各国的通行做法。[①] 从 1991 年民诉法中确认设置独立的执行机构开始，到近几年最高人民法院审执分离的进一步改革试验，即执行程序异议、争议的审执分离改革，所取得的成效显著。执行程序中追加被执行人配偶问题之不同观点争议，系基于执行程序异议、争议的审执分离原则而产生。直接追加被执行人配偶的观点，受到审执分离概念影响，根据执行程序异议、争议的审执分离原则要求，许多人认为审判权与执行权分别由不同部门行使，执行程序中直接追加被执行人配偶为被执行人，与审执分离原则相悖。

① 张亮：《进一步完善司法制度推进司法体制改革》，载《法制日报》2014 年 11 月 19 日第 8 版。

四、追加被执行人配偶的路径选择

从上述司法实践的四种观点来看，明确规定不能追加、明确规定直接追加都似有不妥，因为“不能追加论”在一定程度上堵塞了申请执行人实现自己权利的途径，可能会使“执行难”问题更难得到解决。但是，让申请执行人通过重新诉讼的途径来追加被执行人配偶可能会使实现债权人的执行程序旷日持久，费力耗资，增加申请执行人的“讼累”，与执行效率原则相悖。同时，另行诉讼途径也给了被执行人以转移财产的机会。而直接追加有“以执代审”的嫌疑，即执行权与审判权界域不清的嫌疑，未经实体诉讼程序审判就增加生效裁判所确定的义务主体，即执行力主观范围扩张，还剥夺了被追加之义务主体的参加庭审权、辩论权。另外，在诉讼程序中，原告在起诉时未将被告配偶列为共同被告予以起诉，视为对其民事权利的处分，其应对自己的处分行为有充分的预见，不能因为诉讼时未予起诉，到执行阶段自己权利无法实现的时候，由法院帮助申请执行人来填补这个“漏洞”。

笔者认为，基于既判力理论，在执行程序中除了法律明确规定的以外，原则上不追加被执行人配偶为被执行人，但可判断财产性质后执行被执行人配偶之财产。即原则上不追加，例外情形才追加。这是既判力相对性原则的要求，也是审执分离、未经诉讼程序不应科以当事人执行义务的体现。依照我国审执分离原则的要求，审判权归审判机构行使，执行权由执行机构行使，如果在执行程序中放宽追加被执行人的条件，在法无明文规定的前提下，由执行机构依据实体法的裁判规则直接进行追加，实际上是在执行阶段进行审判，这显然违背了审执分离的原则。因此，原则上应不追加参加诉讼的案外人。例外的追加情形，是指只有在法律明确规定的情形下才可以追加。也就是说，追加被执行人的配偶为被执行人应当遵循法定主义原则，严格控制在法律和司法解释明确规定的追加范围内，不能超出法定情形进行追加，也不能直接引用有关实体裁判规则进行追加。

从审执分离的角度来看，审执分离并不代表审判执行的绝对分离、完全割裂，审判与执行具有内在共通性，[①] 允许特定情形下在执行程序中追加被执行人合理可行，但应当明确特定情形，并通过明确的法律规定予以限制，即在执行程序中追加被执行人配偶，目前只要具备最高人民法院《关于依法制裁规避执行行为的若干意见》第20条规定的条件，即在有充分证据证明被执行人通过离婚析产的方式恶意转移财产规避执行的情况下方能追加。因为被执行人出于恶意，以假离婚的方式，以将全部或者大部分财产分割给其配偶为手段逃避应当履行的义务，这一做法不仅侵害了权利人的应得利益，也危害了司法的权威。[②] 但在被执行人没有转移财产规避执行的情况下，执行机构可以根据修订后的《婚姻法司法解释二》第24条的规定，除明确属于夫妻一方个人债务的，夫妻一方与第三人串通虚构债务的，夫妻一方在从事赌博、吸毒等违法犯罪活动中所负债务外，将婚姻关系存续期间的债务直接推定为夫妻共同债务，并以此为依据直接执行被执行人的配偶控制的夫妻共同财产，而不用再追加被执行人配偶为被执行人。基于夫妻共同债务的推定，执行机构有权查询、扣划、冻结、查封被执行人配偶的财产。在被执行人配偶的权利保障方面，应当通过《民事诉讼法》第227条规定的执行异议、案外人异议之诉的途径予以救济。这样做也有利于平衡申请执行人、被执行人配偶及维护法院生效裁判所应有的既判力三者之间的关系。

五、德国《民事诉讼法》对配偶与生活伴侣财产执行的规定可资借鉴

德国《民事诉讼法》“强制执行”编有三个条文是关于对配偶

---

① 洪冬英：《论审执分离的路径选择》，载《政治与法律》2015年第12期。

② 杨荣馨主编：《〈中华人民共和国强制执行法（专家建议稿）〉立法理由、立法例参考及立法意义》，厦门大学出版社2011年版，第225页。

的财产执行的规定。

其中，第 739 条是关于配偶与生活伴侣强制执行时的特有推定："（1）以《民法典》第 1362 条有利于丈夫的债权人或妻子的债权人而推定债务人是动产的所有人时，尽管有当事人的权利，对于强制执行的实施，仅视债务人为持有人和占有人。（2）前款的规定相应适用于《生活伴侣法》第 8 条第 1 款有利于生活伴侣一方的债权人的规定。"①

第 742 条是关于诉讼中实行财产共同制时的有执行力的正本的规定："在由配偶一方或针对配偶一方进行的诉讼发生诉讼系属后，财产共同制才实行，该配偶一方不管理或不单独管理共同财产时，对就共同财产发给利于或不利于配偶另一方的有执行力的判决正本，相应准用第 727 条、第 730 条至第 732 条的规定。"② 德国《民事诉讼法》第 727 条、第 730 条至第 732 条分别是关于对诉讼继承人发给执行条款正本的规定，关于听审债务人的规定及对发给执行条款的异议救济规定。

第 774 条是关于配偶可以提起的第三人异议之诉的规定："依第 741 条对共同财产进行强制执行时，在针对配偶另一方作出的判决鉴于共同财产对配偶一方无效时，配偶这一方可以依照第 771 条提出异议。"③

关于第 739 条中提及的《民法典》第 1362 条是关于婚姻的所有权推定效果："（1）为夫的债权人和为妻的债权人的利益，推定被配偶一方或配偶双方占有的动产属于债务人。配偶双方分居且动产被非债务人的配偶一方占有的，不适用这一推定……（2）就专为配偶一方的个人使用而被指定的物而言，推定在双方的相互关系中或在债权人的关系中，这些物属于为使用而被制定的配偶

① 《德国民事诉讼》，周恒详译，未出版的交流资料，第 93~94 页。

② 《德国民事诉讼》，周恒详译，未出版的交流资料，第 94 页。

③ 《德国民事诉讼》，周恒详译，未出版的交流资料，第 98 页。

一方。"①

对将债务人配偶财产作为夫妻共同财产的执行，德国《民事诉讼法》"强制执行"编作出上诉规定，有利于执行秩序，执行债权人债权的实现和对债务人配偶的合法保护。

韩国的《民事执行规则》中有一条关于对配偶的不动产的执行规定。在日本、俄罗斯的《强制执行法》，我国台湾地区的"强制执行法"及意大利《民事诉讼法典》的强制执行编中没有具体到对配偶财产执行的规定。以小窥大，在强制执行法中制定对配偶变更、追加的执行的具体条款的国外立法例虽然不多，但是笔者主张我国大陆《民事诉讼法》在修订时，或者制定我国大陆单独的强制执行法时，应当对被执行人配偶及前配偶变更或追加制定具体的条款，以应对我国大陆执行实务中这个领域内的诸多问题。

本章小结　瑕疵裁判补正程序适用于执行根据为法院裁判，就其他国家和地区的相关经验而言，该程序属于民事诉讼法中裁判部分的内容。瑕疵裁判补正程序建立后并不能一并解决其他执行根据主文不明无法执行的问题，即不适用于法院裁判以外的执行根据，如仲裁裁决主文不明无法执行的情形。根据 2015 年《民诉法解释》第 463 条关于申请执行的裁判文书条件的规定，对这类仲裁裁决，法院可以不予受理执行，至于如何弥补有缺陷的仲裁裁决是仲裁法范畴内的事情。目前，有些仲裁机构的仲裁规则制定了"补充裁决"制度，值得民事诉讼法借鉴。例如，现行《中国国际经济贸易仲裁委员会仲裁规则》就有区别地设置了"裁决书的更正"和"补充裁决"两个不同条款。另外，瑕疵裁判补正与裁判文书更正不同，瑕疵裁判补正程序不包括裁判文书补正事项。执行当事人的变更、追加是解决执行根据所载当事人与执行当事人不同的问题，是执行力扩张的范畴问题。针对当事人对法院执行机构作

① 《德国民事诉讼法》，丁启明译，厦门大学出版社 2015 年版，第 179 页脚注。

出的变更、追加裁定不服的，目前我国通过司法解释设计了救济程序，包括程序性救济与实体性救济。实体性救济耗时费力，但是符合程序法理。如何既实现程序正义又实现程序效率，需要综合设计，以建立最优系统工程。因此，此问题尚需全方面考量，进一步完善。追加被执行人配偶的制度设计应当是一把“双刃剑”，既要有利于执行债权人实现债权，防止被执行人借夫妻财产关系逃债；又要有利于保护被执行人配偶或前配偶的合法利益。这项制度设计有一定难度，需要深入研究。德国《民事诉讼法》中的“强制执行”编中那三个条款对配偶的强制执行规定，以及配偶的异议之诉救济，值得我们学习研究与借鉴。

结　语

执行权与审判权界域问题的系统研究，在我国民事诉讼法学与强制执行法学理论中基本属于空白，本书尝试对此问题进行系统梳理，希望在填补学术理论空白方面贡献一己绵薄之力，或起抛砖引玉作用，给学界同人提供批判素材。

执行权与审判权的界域问题不是一般意义上的界限划分、各自范畴界定，而是专指执行程序中引发的执行权还是审判权的问题。从法院强制执行实务来看，通过2007年和2012年我国《民事诉讼法》的两次修订，执行异议及异议之诉制度基本建立，在很大程度上扭转了之前执行权与审判权界限不清，执行机构、执行法官或执行员实际上常常行使审判权的错误状况。然而，还有一些问题需要界定是执行权还是审判权的实施范畴，其意义在于给执行当事人及利害关系人提供必要的程序保障，也在于给立法、修法提供参考。

执行程序中执行权与审判权的界域尚有完善空间，有些争议已久的问题尚在争议中，并且在不同观点的学术争议、碰撞中得以修正、深化，趋于完善。例如，执行救济之诉制度还不够完善，特别是至今未设立债务人异议之诉，而法院执行实务对之需求比较迫切。还有，作为执行依据的法院生效裁判有缺陷无法执行、难以执行时，因制度欠缺，仍然由执行机构执行处理，为解决这种问题，执行机构承担了分外的工作，逾越执行权范围，以求完成执行工作。虽然2015年最高人民法院发布实施的《民诉法解释》第463条规定增加了申请执行的法律文书应当具备的几个条件，表明最高人民法院对这类问题的关注，力图解决。但这仅仅是一个进步，尚无法彻底解决问题。

本书介绍了日本、德国、韩国和我国台湾地区的各种执行救济制度，同时与我国的现行规范进行了对比分析，其目的是开拓我们的视野，拓展学术研究的广度，挖掘出更多的经验、价值，希望给学术研究、立法修法及司法解释提供帮助。

本书虽然完成，有呕心沥血之感，但尚有许多不成熟之处，一些观点还需要深入推敲、斟酌，需要与学界同人磋商、研究、讨论。

在写作过程中，笔者还收集了国外强制执行法或民事执行法中的执行救济引起的衍生性诉讼方面的资料，如债务人异议之诉之代位诉讼等，这些内容本书未使用，笔者准备用于今后的继续研究。这些衍生诉讼说明关于执行程序中发生的执行权与审判权关系、界域问题研究可以更广泛。

学术研究是项系统工程，若欲通过一部专著达到系统完善的目的，工程量很大，无捷径可寻，只有尽最大努力。

参考文献

一、中文著作、译著

1. 常怡主编：《强制执行理论与实务》，重庆出版社 1990 年版。

2. 张登科：《强制执行法》，三民书局 1990 年版。

3. 沈达明编著：《比较强制执行法初论》，对外贸易教育出版社 1994 年版。

4. 郭松涛：《强制执行》，书泉出版社 1997 年版。

5. 杨与龄编著：《强制执行法论》，三民书局 1999 年版。

6. 耿云卿：《实用强制执行法》（上、下册），五南图书出版公司 1999 年版。

7. 苏盈贵：《强制执行法》，书泉出版社 2011 年版。

8. 孙家瑞：《中国强制执行制度概论》，中国民主法治出版社 1999 年版。

9. 黄金龙：《〈关于人民法院执行工作若干问题的规定（试行）〉实用解析》，法制出版社 2000 年版。

10. 郭松涛：《强制执行法》，考用出版社 2000 年版。

11. 刘富汉主编：《国际强制执行法律汇编》，法律出版社 2000 年版。

12. 谭秋桂：《民事执行原理研究》，中国法制出版社 2001 年版。

13. 童兆洪主编：《民事强制执行新论》，人民法院出版社 2001 年版。

14. 浙江省高级人民法院执行局编著：《执行改革探索与实

践》，人民法院出版社 2001 年版。

15. 沈德咏主编：《强制执行法起草与论证（第一册）》，中国法制出版社 2002 年版。

16. 邹川宁：《民事强制执行基本问题研究》，中国法制出版社 2004 年版。

17. 杨与龄主编：《强制执行法实例问题分析》，五南图书出版公司 2000 年版。

18. 杨与龄主编：《强制执行法争议问题研究》，五南图书出版公司 1999 年版。

19. 张启楣主编：《执行改革理论与实证》，人民法院出版社 2002 年版。

20. 沈德咏、张根大：《中国强制执行制度改革：理论研究与实践总结》，法律出版社 2003 年版。

21. 童兆洪：《民事执行权研究》，法律出版社 2004 年版。

22. 杨荣馨主编：《强制执行立法的探索与构建——中国强制执行法（试拟稿）条文与释义》，中国人民公安大学出版社 2005 年版。

23. 童兆洪主编：《民事执行调查与分析》，人民法院出版社 2005 年版。

24. 夏蔚、谭玲：《民事强制执行研究》，中国检察出版社 2005 年版。

25. 童兆洪：《民事执行的法理思辨》，人民法院出版社 2006 年版。

26. 严仁群：《民事执行权论》，法律出版社 2007 年版。

27. 徐孟如：《强制执行法与非讼事件法》，大华传真出版社 2009 年版。

28. 唐德华主编：《执行法律及司法解释案例评析》，人民法院出版社 2009 年版。

29. 王娣：《强制执行竞合研究》，中国人民公安大学出版社

2009 年版。

30. 董皞主编：《民事执行策略与方法》，人民法院出版社 2009 年版。

31. 刘璐：《民事执行重大疑难问题研究》，人民法院出版社 2010 年版。

32. 陈荣宗：《强制执行法》，三民书局 1988 年版。

33. 江阳：《强制执行法实务》，五南图书出版公司 2012 年版。

34. 马登科：《民事强制执行中的人权保障》，中国检察出版社 2011 年版。

35. 谭秋桂：《民事执行权配置、制约与监督的法律制度研究》，中国人民公安大学出版社 2012 年版。

36. 江必新主编：《比较强执行法》，中国法制出版社 2014 年版。

37. 江必新主编：《新民事诉讼法执行程序讲座》，法律出版社 2012 年版。

38. 江必新主编：《强制执行改革的路径与成效》，人民法院出版社 2013 年版。

39. 廖中洪主编：《民事间接强制执行比较研究》，中国检察出版社 2013 年版。

40. 陈荣宗：《强制执行法》，三民书局印行 1988 年版。

41. 许士宦：《强制执行法》，新学林出版股份有限公司 2014 年版。

42. 林家祺：《强制执行实务教战》，翰芦图书出版有限公司 2015 年版。

43. 赖来焜：《强制执行法总论》，元照出版公司 2007 年版。

44. 赖来焜：《强制执行法各论》，元照出版公司 2007 年版。

45. ［日］竹下守夫：《日本民事执行法理论与实务研究》，刘荣军、张卫平译，重庆大学出版社 1994 年版。

46. ［韩］姜大成：《韩国民事执行法》，朴宗根译，法律出版社 2010 年版。

47. 许士宦：《执行力扩张与不动产执行》，学林文化事业公司 2003 年版。

48. 陈计男：《民事诉讼法论（四）》，三民书局 2006 年版。

49. 吴光陆：《强制执行法》，三民书局 2007 年版。

50. 肖建国主编：《民事执行法》，中国人民大学出版社 2014 年版。

51. 最高人民法院民事诉讼法修改研究小组编著：《〈中华人民共和国民事诉讼法〉修改的理解与适用》，人民法院出版社 2007 年版。

52. 谭秋桂：《民事执行法学》，北京大学出版社 2015 年版。

53. 陈光中等：《中国司法制度的基础理论问题研究》，经济科学出版社 2010 年版。

54. 陈春明：《司法权及其配置——理论语境、中英法式样及国际趋势》，中国法制出版社 2009 年版。

55. 薛小建主编：《外国宪法》，北京大学出版社 2007 年版。

56. 胡夏冰：《司法权：性质与构成的分析》，人民法院出版社 2003 年版。

57. 王圣诵、王成儒：《中国司法制度研究》，人民出版社 2006 年版。

58. 鲁明健主编：《中国司法制度讲义》，人民法院出版社 1987 年版。

59. 张千帆主编：《宪法（第二版）》，北京大学出版社 2012 年版。

60. 何华辉：《比较宪法学》，武汉大学出版社 1988 年版。

61. 江伟主编：《民事诉讼法学》，复旦大学出版社 2006 年版。

62. 马怀德主编：《行政诉讼法（第二版）》，北京大学出版社 2008 年版。

63. 陈光中主编：《刑事诉讼法（第二版）》，北京大学出版社 2005 年版。

64. ［英］詹宁斯：《法与宪法》，龚祥瑞译，生活·读书·新知三联书店 1997 年版。

65. 谭兵、李浩主编：《民事诉讼法学》，法律出版社 2009 年版。

66. 张卫平：《民事诉讼法》，法律出版社 2004 年版。

67. 张卫平：《民事诉讼：关键词展开》，中国人民大学出版社 2005 年版。

68. 张卫平：《转换的逻辑——民事诉讼体制转型分析》，法律出版社 2004 年版。

69. 张卫平：《程序公正实现中的冲突与平衡——外国民事诉讼研究引论》，成都出版社 1993 年版。

70. ［美］欧文·费斯：《如法所能》，师帅译，中国政法大学出版社 2008 年版。

71. 翁晓斌：《民事执行救济制度》，浙江大学出版社 2005 年版。

72. 贺卫方：《司法的理念与制度》，中国政法大学出版社 1998 年版。

73. 谭世贵：《中国司法改革研究》，法律出版社 2000 年版。

74. 王卫国：《破产法》，人民法院出版社 1999 年版。

75. 张永红：《英国强制执行法》，复旦大学出版社 2014 年版。

76. 谭秋桂：《民事执行法学（第三版）》，北京大学出版社 2015 年版。

77. 江必新主编：《强制执行法理论与实务》，中国法制出版社 2014 年版。

78. 梁书文主编：《中国民事审判》，河北人民出版社 1995 年版。

79. 李浩主编：《强制执行法》，厦门大学出版社 2004 年版。

80. 杨荣馨主编：《〈中华人民共和国强制执行法（专家建议

稿）〉立法理由、立法例参考及立法意义》，厦门大学出版社 2011 年版。

81. 常廷彬：《民事判决既判力主观范围研究》，中国人民公安大学出版社 2010 年版。

82. 江必新、贺荣主编：《强制执行法的起草与论证（三）》，中国法制出版社 2014 年版。

83. ［法］让·文森、雅克·普雷沃：《法国民事执行程序法要义》，罗结珍译，中国法制出版社 2002 年版。

84. 沈德咏主编：《最高人民法院民事诉讼法司法解释理解与适用》，人民法院出版社 2015 年版。

85. 陈娴灵：《我国民事执行异议之诉研究》，湖北人民出版社 2009 年版。

86. 董少谋：《民事强制执行法论纲——理论与制度的深层分析》，厦门大学出版社 2009 年版。

87. 朱新林：《论民事执行救济》，中国政法大学出版社 2015 年版。

88. 翁晓斌：《民事执行救济制度》，浙江大学出版社 2005 年版。

二、论文

1. 杨荣馨、邱星美：《执行权与审判权的界限》，中国行为法学会执行行为研究会第一届论坛论文。

2. 石茂生：《司法及司法权含义之探讨》，载《河北法学》2012 年第 2 期。

3. 刘作翔：《司法权属性探析》，载《法制日报》2002 年 9 月 22 日。

4. 陈瑞华：《司法权的性质》，载《法学研究》2000 年第 5 期。

5. 孙笑侠：《司法权的本质是判断权——司法权与行政权的十

大区别》，载《法学》1998年第8期。

6. 刘瑞华：《司法权的基本特征》，载《现代法学》2003年第6期。

7. 姜小川：《司法权基本属性之探析》，载《法学杂志》2007年第5期。

8. 江伟、赵秀举：《论执行行为的性质与执行机构的设置》，载陈光中主编：《依法治国，司法公正——诉讼法理论与实践》1999年卷，上海社会科学出版社2000年版。

9. 肖建国：《民事执行权和审判权应在法院内实行分离》，载《法制日报》2014年11月26日。

10. 雷运龙：《民事强制执行之基本定位》，载《人民法院报》2016年9月7日。

11. 贺卫方：《又见执行难》，载《工人日报》1998年7月10日。

12. 陈瑞华：《司法权的性质》，载北大法律信息网。

13. 肖建国：《民事执行权的司法权本质之我见》，载中外民商裁判网。

14. 高鸿宾：《执行权性质与执行改革》，载张启楣主编：《执行改革理论与实证》，人民法院出版社2002年版。

15. 刘瀚、张根大：《强制执行权研究》，载《依法治国与司法改革》，中国法制出版社1999年版。

16. 常怡、崔婕：《完善民事强制执行立法若干问题研究》，载《中国法学》2000年第1期。

17. 蒋惠玲：《论法院司法行政体制改革》，载《人民司法》1999年第8期。

18. 谭秋桂：《民事执行权定位问题探析》，载《政法论坛》2003年第4期。

19. 景汉朝、卢子娟：《“执行难”及其对策》，载《法学研究》2000年第5期。

20. 黄双全：《我国民事“执行乱”的情况与对策》，载《政治与法律》1996 年第 1 期。

21. 陈鸣东、张齐爱、陈玉磺：《从“执行乱”谈新民事诉讼法下的民事执行监督》，载《西部法学评论》2008 年第 2 期。

22. 童兆洪：《论民事执行权的配置》，载《法律适用》2003 年第 12 期。

23. 李明霞、万学忠：《建议执行工作交司法行政部门负责》，载《法制日报》2003 年 3 月 16 日。

24. 陈瑞华：《司法改革所面临的几大难题》，载 http://www.aisixiang.com/data/1806.html。

25. 肖建国：《审执关系的基本原理研究》，载《现代法学》2004 年 10 月。

26. 孙涛：《执行改革中的真问题》，载中国法院网。

27. 肖建国：《民事审判权与执行权的分离研究》，载《法制与社会发展》2016 年第 2 期。

28. 高执办：《论执行局设置的理论基础》，载《人民司法》2001 年第 2 期。

29. 谭秋桂：《域外民事执行权配置方式的考察与思考》，载《人民法院报》2015 年 2 月 11 日第 8 版。

30. 张坚：《审判权和执行权相分离改革的路径选择》，载《法制日报》2015 年 7 月 1 日第 9 版。

31. 腾威：《民事自助行为合法性论纲》，载《审判研究》2003 年第 5 期。

32. 肖建国：《执行体制改革必须重申的一个基本概念》，载齐奇主编：《执行体制和机制的创新与完善》，人民法院出版社 2008 年版。

33. 《韩国民事执行法》，白绿铉译，载中华人民共和国最高人民法院执行工作办公室编：《强制执行指导与参考》2004 年第 4 集，法律出版社 2004 年版。

34. ［日］竹下守夫：《日本民事执行制度概况》，白绿铉译，载《人民司法》2001年第6期。

35. 王飞鸿、赵晋山：《民事诉讼法执行编修改的理解与适用》，载《人民司法》2008年第1期。

36. 陈婀灵：《许可执行之诉：强制执行程序中当事人适格之救济》，载《法学评论》2010年第6期。

37. 刘学在、朱建敏：《案外人异议制度的废弃与执行异议之诉的构建——兼评修改后的〈民事诉讼法〉第204条》，载《法学评论》2008年第6期。

38. 赵会信：《论民事执行异议之诉》，载《政府论丛》2009年第3期。

39. 陈瑞华：《这是理论创新最好的时代》，载微信“中国法学杂志社”公众号。

40. 马登科：《初创与完善：对民事许可执行之诉的解读》，载《中南民族大学学报（人文社会科学版）》2010年第5期。

41. 金殿军：《试析虚假诉讼逃避执行之反制——兼论第三人撤销之诉制度的完善》，2012年第三届中国执行论坛获奖论文。

42. 俞灵雨、赵晋山：《对执行程序中若干法律问题的理解》，载《人民司法·应用》2010年第5期。

43. 黄奕新：《关于案外人异议之诉的程序设计》，2008年5月全国法院民事诉讼法（保全、执行部分）修改座谈会研讨会论文。

44. 童兆洪、林翔荣：《民事执行救济制度刍论》，载《比较法研究》2002年第3期。

45. 孙忠志、范向阳：《执行与审判的界限》，载《人民司法》2005年第9期。

46.《家事审判改革为相关立法提供实践依据——专访最高人民法院审判委员会专职委员杜万华》，载《人民法院报》2016年3月3日第1版。

47. 陈庆芳：《浅议审执环节的衔接问题》，载中国法院网。

48. 荆广平、王喜君：《因执行依据不确定导致执行不能的现状分析》，载中国法院网。

49. 雷运龙：《试论“民事执行调解”》，载《执行工作指导》2009年第1辑。

50. 雷运龙：《论民事执行调解制度》，载《法律适用》2009年第4期。

51. 《将每个案件都办成完整的“司法产品”上海完善“立审执”衔接机制破解执行难》，载上海法院网。

52. 田玉玺、雷运龙：《执行解释初论》，载《强制执行指导与参考》总第9集，法律出版社2004年版。

53. 雷运龙：《执行解释初论》，载《法学杂志》2002年第3期。

54. 张映婷：《初论执行根据审查制度》，载浙江省高级人民法院编著：2011年中国法学会审判理论研究会执行制度专业委员会年会论文集《强制执行立法研究》。

55. 王建：《“审执分离”视野下的“审执统一”——浅谈民事判决执行力缺陷的救济》，载《山东审判》2016年第1期。

56. 王杏飞：《执行依据不明的应对》，载《人民法院报》2016年2月24日。

57. 王光亮、谷朝宪、丁武军：《裁判问题引发执行难现象透视——以H市中院及辖区基层法院为研究样本》，全国法院系统第二十四届学术讨论会征文获奖论文。

58. 曹书瑜：《论民事瑕疵裁判的补正程序》，载《人民司法》2006年第6期。

59. 肖建国、刘文勇：《论执行力主观范围的扩张及其正当性基础》，载《法学论坛》2016年第4期。

60. 许士宦：《诉讼系属后之继受人与执行力的扩张》，载杨与龄主编：《强制执行法争议问题研究》，五南图书出版公司1999

年版。

61. 刘贵祥：《执行程序变更、追加被执行人若干问题之检讨》，载《人民法院报》2014 年 7 月 2 日第 8 版。

62. 李民：《论追加被执行人的配偶为被执行主体》，载《重庆工商大学学报（社会科学版）》2008 年第 4 期。

63. 王超云：《追加债务人配偶的路径选择及制度架构》，载 http://legal.china.com.cn/2014-12/02/content_34203883.html。

64. 王鑫：《裁判规则不属执行权的授权性规定案件：执行不应直接追加债务人配偶为被执行人》，载《人民法院报》2015 年 2 月 10 日第 3 版。

65.《人民司法》研究组：《人民法院能否裁定被执行人的配偶为被执行人?》，载《人民司法·应用》2009 年第 9 期。

66. 张亮：《进一步完善司法制度　推进司法体制改革》，载《法制日报》2014 年 11 月 19 日第 8 版。

67. 洪冬英：《论审执分离的路径选择》，载《政治与法律》2015 年第 12 期。

68. 张力：《对“许可执行之诉”的一点异议》，载正义网——检察日报 2008 年 11 月 17 日。

69. 朱淼蛟：《论完善我国执行救济机制——兼析绍兴中院的执行救济实践》，载张启楣主编：《执行改革理论与实证》，人民法院出版社 2002 年版。

70. 王娣：《我国民事诉讼法应确立“债务人异议之诉”》，载《政法论坛》2012 年第 1 期。

71. 赵信会：《执行异议之诉——对〈民事诉讼法〉关于执行异议之诉改革的评价》，载《政法论丛》2009 年第 6 期。

72. 傅松苗：《论执行力的扩张》，载《强制执行指导与参考》第 16 集。

73. 刘育林：《变更与追加被执行人义务主体的类型与法律适用》，载《当代法学》2007 年第 7 期。

74. 张卫平：《判决执行力主体范围的扩张》，载《现代法学》2007年第5期。

75. 田玉玺、丁亮华：《在超越与限制之间——民事执行中变更和追加执行当事人制度研究》，载《强制执行指导与参考》第16集。

76. 翁晓斌：《既判力及执行力向第三人的扩张》，载《浙江社会科学》2003年第3期。

77. 金殿军：《执行当事人变更制度研析》，载《强制执行指导与参考》2005年第4集。

78. 金殿军：《民事执行程序中的诉讼事项与非讼事项》，载《强制执行指导与参考》2011年第1集。

79. 王飞鸿：《〈最高人民法院关于人民法院执行工作若干问题的规定（试行）〉第九部分的理解与适用——申请执行人的变更与被执行人的变更和追加》，载《强制执行指导与参考》2002年第1集。

80. 唐学兵：《关于适用被执行主体的变更或追加的调查与分析》，载《强制执行指导与参考》2004年第3集。

81. 肖建国：《审执关系的基本原理研究》，载《现代法学》2004年5期。

82. 汤维建、许尚豪：《论民事执行程序的契约化——以执行和解为分析中心》，载《政治与法律》2006年第1期。

83. 张卫平：《执行和解制度的再认识》，载《法学论坛》2016年第7期。

三、外国法律及我国台湾地区相关规定

1. 白绿铉编译：《日本新民事诉讼法》，中国法制出版社2000年版。

2. 《德意志联邦共和国民事诉讼法》，谢怀栻译，中国法制出版社2001年版。

3.《俄罗斯联邦民事诉讼法执行程序法》，张西安、程丽庄译，中国法制出版社2002年版。

4.《德国民事诉讼法》，丁启明译，厦门大学出版社2015年版。

5.《韩国民事执行规则（2002年6月28日大法院规则第1762号）》，金玄默译，载北大法宝网。

6. 刘汉富主编：《国际强制执行法律汇编》，法律出版社2000年版。

7. 施茂林、陈维钧主编：《详明六法全书》，世一文化股份有限公司2015年重编初版。

四、学位论文

1. 魏锋：《执行当事人研究——以执行力主观范围扩张为中心》，2009年中国政法大学博士学位论文。

2. 向国慧：《论执行力主观范围扩张》，2014年西南政法大学博士学位论文。

3. 陶志蓉：《民事判决效力研究》，2004年中国政法大学博士学位论文。

后　记

经过一番比较艰苦的工作，这本书稿终于完成了。关闭电脑文档，我自有心旷神怡之感，然同时对导师杨荣馨先生的思念油然而生。本书的题目是在杨老师生前确定的，那时杨老师尚精神抖擞，思维敏捷，筹备14年的执行行为研究会刚成立不久，我们许多弟子在导师的率领下积极投入研究会的工作。我对执行领域的诸多法学问题充满兴趣，感觉可以有所作为，因此选定这个方向。那时我多次向导师请教、与导师讨论执行权与审判权所涉及的问题，受益匪浅。杨老师在世时，我们曾合作撰写了两篇强制执行会议参会论文。但是，遗憾与导师这一段的缘分不长，他老人家在我读博第三年因病去世了。我深感遗憾，遗憾没有及时、及早投身导师门下攻读博士学位。

之后，我师从大师兄宋朝武，继续学习研究强制执行法学。宋老师继承了杨荣馨先生的“学术遗产”，成为执行行为研究会的会长。我作为常务理事，参加研究会每年的年会筹备和征文评选工作，获得了很多学术交流与学习的机会，收获颇丰。几年来，在宋老师的指导下，我继续收集资料，阅读思考研究。本书写作期间我得到了宋老师不断地指导、敦促，非常感谢宋老师的耐心指导。

本书写作期间，我的硕士研究生们给了我很大的帮助，他们帮我在图书馆查找、传送资料，帮我录入参考书目，帮我校对，帮我做了很多工作。感谢万能的互联网让我在与他们的互相联系、传送资料中节约了很多宝贵的时间与精力。

最后，感谢家人的鼓励和支持，还感谢我那年迈的“黑猫警长”日日在书房陪伴。